움직이지 못해도
멈추지 않는 나의 삶

- 황금복권마트 박광석 대표의 인생 -

움직이지 못해도
멈추지 않는 나의 삶

초판 1쇄 발행 | 2025년 8월 26일

지은이 박광석
펴낸이 최현종
펴낸곳 이코노미타임21
편집디자인 장희정

주소 (21119) 인천 계양구 작전동 388-2 동보 102동 203호
Tel 02)707-1847
Fax 02)707-1848
출판등록 2021년 2월 16일 제 2021-000006호
e-mail tt29@naver.com
인쇄제본 금강인쇄기획
ISBN 979-11-973890-3-0(13690)

※ 이 책의 저작권은 박광석 저자에게 있으며 저작물은 저작권법에 따라 보호를 받는 바 무단전재, 재배포 및 복제를 금지합니다.

독자 의견 tt29@naver.com
값 18,000원

움직이지 못해도
멈추지 않는 나의 삶

박광석 지음

【 이 책의 추천사 】

국제웰빙전문가협회 인문대학 총장 **김용진** 철학인문박사

  행복 인문학의 관점에서 본다면 세상에는 크게 3종류의 삶이 있다고 생각할 수 있다. 오로지 자기만의 이익을 찾아가는 극단적으로 이기적인 삶, 대충 적당히 이익을 챙기며 그럭저럭 살아가는 보통의 삶, 그리고 이웃과 더불어 적극적인 헌신을 실천하며 자신의 능력과 소신 등을 희생하는 삶이다. 자기만을 위해 살아가는 사람들은 사회문제의 주범이 되기도 한다. 온통 세상이 시끄럽고 혼탁해지는 것은 이기적인 사람들의 간교함 때문이다. 그래서 우리 삶의 운동장이 행복한 세상으로 진화하기 위해서는 이웃과 더불어 적극적인 헌신을 실천하는 헌신자나 봉사자 등의 수고로움이라는 밑거름이 반드시 필요한 것이다.

  박진감 넘치는 생명력을 품고 있는 이 책의 저자 박광석 휴먼디자인박사! 그가 일구어 낸 초인적인 삶의 궤적을 20년간 살펴본 나의 평가는 한 마디로 인간 승리의 역사를 쓰는 장본인, 박광석 휴먼디자인박사라는 것이다. 이 책에 담겨진 내용들만 아니라 책에 담지 못한 숱한 스토리들이 박광석 휴먼디자인박사의 라이프 스토리텔링으로 책장 밖에서 지금 이 순간에도 계속 선한 영향력으로 춤추고 있기 때문이다.

그는 장애인협회장으로 수고할 때 장애인을 위한 주차장 경사로를 공공시설마다 의무적으로 설치하거나, 각 읍면동사무소만 아니라 파출소 등에까지 휠체어를 비치하도록 시청과 협의하여 관철시켰다. 그가 이렇게 사회 시스템을 개혁하여 장애인들의 삶의 복지를 앞장서 개혁하는 선구자가 된 것은 젊은 신혼시절에 교통사고로 전신마비 식물인간으로 오랜 기간 겨우 연명해야만 했던 통곡의 경험 때문이었다. 그는 그 누구도 생각지 못했던 기적적인 생환을 통해 식물인간이라는 사형선고를 걷어치웠다. 그리고 마침내 재활에 성공했고 지팡이를 잡고 세상을 밟기 시작했다. 아무도 희망을 갖지 않던 그를 일으킨 자는 박광석 휴먼디자인박사 자신이었다. 그는 이천시의 변두리 허허벌판에 조그마한 건물 한 동을 하나 만들어 그곳에서 엄동설한의 추위와 폭염의 더위를 감내하며 드디어 제2의 기적을 이룩했다.

이제 그가 완공한 200평 대지 위에 반듯하게 세워진 황금빌딩은 전국에서 가장 유명한 로또당첨 명당이 되었다. 주말이면 전국에서 그의 황금복권마트로 몰려드는 인파가 이천시 도로를 가득 메운다. 단지 일확천금에 미친 사람들이 그의 복권방으로 몰려드는 것만은 아닐 것이다. 죽음의 문턱에서 꼼짝없이 저승사자의 포승줄에 붙들려 있던 어떤 나약한 사람의 화려한 복귀의 기운을 받기를 염원하는 또 다른 아픈 사람들이 몰려드는 것일지도 모른다. 그런 이유로 나는 로또명당을 일구어 낸 박광석 대표를 10여 년 전에 행복 코디네이터 책임교수가 되도록 안내했고, 2025년에는 휴먼디자인박사 자격을 취득하도록 안내했다.

이 책을 통해서 행복인생경영의 모델인 박광석 휴먼디자인박사를 바라보면서 실패와 고통이 늪에서 낙심하던 사람들이 삶의 희망을 나누어 가기를 진심으로 기대해 본다. 그런 점에서 이 책의 내용들은 오늘을 살아가는 우리에게 큰 나침반이 되고 샛별이 될 것이라고 나는 행복 인문학자로서 확신한다. 자서전의 출판과 더불어 오늘의 위대한 거인으로 우뚝 선 박광석 휴먼디자인박사께 축하드린다.

[서 평]

박언휘종합내과병원장 **박언휘** 의학박사

'한 사람의 인생이 이렇게까지 극적일 수 있을까?' 젊은 시절에 사고를 당하고 병원에 누워 있을 때, 박광석 대표의 머릿속을 매일같이 맴돌던 생각이라고 한다. 모든 인간의 삶은 나름의 고충과 행복이 있기에 다른 사람의 기준으로 한 사람의 생을 평가할 수는 없다. 하지만 이를 감안하고 돌이켜봐도, 그의 삶은 너무나 파란만장했다. 남들과 다른 삶, 남들보다 조금 더 우여곡절이 많은 세월을 견디고 버텨오면서 그는 언젠가 이런 롤러코스터 같은 삶을 꼭 다른 사람들에게 들려주고 싶다는 생각을 했을지 모른다.

남들이 하지 않는 일들, 남들과 다른 생각을 하며 다양한 활동을 한 그는 인간에 대한 어떤 통찰을 가지게 되었다고 말했었다. 사람은 사람에게 상처를 입었을 때 가장 괴롭고 힘들다. 육신에 새겨진 상처는 생각보다 쉽고 빠르게, 의지만 있다면 누구나 극복할 수 있지만, 마음에 새겨진 상처는 보이지 않고 본인만 알고 있는 경우가 많아 치료가 어렵다. 스스로가 보잘 것 없어 보이고, 세상에서 버려진 것 같다는 생각이 들 때, 내 곁에 아무도 없다는 좌절이 온몸을 감쌀 때 먼저 손을 내밀어주는 사람이 있다면, 생각보다 상처는 금방 치유될 수 있다는 깨달음을 얻었다는 것이다. 그의 삶을 자세히 들여다보면 그 말이 진실이라는 걸 느낄 수 있다.

박광석 대표는 하루아침에 장애인이 되어 스스로 너무 비참하고 서러웠을 때, 주위에서 그를 도와주는 수많은 사람들의 손길 덕분에 재활에 성공할 수 있었다고 회고한다. 그래서 그는 자신처럼, 혹은 자신보다 더욱 힘겨운 상황에 힘들어 하고 있는 이들에게 그의 경험이 조금이라도 도움이 되길 바라는 마음으로 이 책을 썼다고 한다.

장애인의 행복한 일상과 행복을 위해, 장애인협회에서 일하면서 장애인에게 쏟아지는 각종 편견과 시선에 대해서도 그는 온몸으로 체감했다. 한국의 문화 수준이 많이 올라오고, 국민들의 의식 수준도 선진국처럼 변해가며 장애인에 대한 불편한 시선이나 오해도 많이 사라졌지만, 여전히 장애인으로 살아가는 일은 결코 쉬운 일이 아니다. 나 역시 그의 삶과 이야기를 통해 장애인의 애로사항을 절감하고 그들의 고통을 느낄 수 있었다. 이제는 국제웰빙전문가협회가 임명한 행복 코디네이터 책임교수로 큰 활동을 하고 있는 박광석 책임교수의 이 책이 장애인들을 향한 근거없는 편견이나 불쾌감을 조금이나마 줄이는 데 기여해 주길, 그로 말미암아 장애인과 비장애인이 모두 행복을 영위할 수 있는 대한민국이 되길 바래 본다.

CONTENTS

- 경기도 이천에서 시작된 나의 인생 ·················· 13
- 폭력과 욕설이 난무했던 군 시절 ··················· 51
- 전역 그리고 결혼 ······························· 61
- 지역의 명소로 이름을 날렸던 분식집 ················ 69
- 전국을 돌며 잡사를 하던 잡돌뱅이 시절 ············· 81
- 잊을 수 없는 운명의 그날 ······················· 93
- 기나긴 터널을 지나 다시 일상으로ㆍㆍㆍㆍㆍㆍㆍㆍㆍㆍㆍㆍㆍㆍㆍ 109
- 장애인들을 위한 공익활동에 전념하다 ············· 133
- 황금복권마트의 탄생 ·························· 151
- 다시 장애인협회로 ···························· 179
- 사랑하는 나의 가족 ··························· 193
- 마무리하며 ·································· 204

경기도 이천에서
시작된 나의 인생

나는 경기도 이친 도빅이다. 이천시 부빌면. 지금은 아파드도 많이 들어서고 여러 상업시설이 들어와 어엿한 도심이 된 동네지만, 내가 어린 시절만 해도 이천시 전체가 논과 밭으로 둘러싸인 농경지였다. 그래서 나 역시 어린 시절에는 논과 밭을 뛰어다니며 컸다. 봄이면 산천초목이 푸르게 물들고, 가을이면 온 세상이 갈색으로 물들어 아름다운 풍경을 자랑하는 동네. 내가 사랑하고 그리워하는 나의 고향은 그런 동네였다. 나는 5남매 중 장남으로 태어났다. 그 시절 우리네 부모님이 으레 그렇듯이 아버지와 어머니는 자식들을 사랑했지만, 그 마음을 겉으로 표현하는 데는 서투르셨다. 먹고 사는 게 바빠 가족들끼리 정을 나누고 애틋할 시간이 없었고, 그럴 의지도 없었다. 나 역시 마찬가지. 장남이라 초등학교, 중학교까지 진학은 했지만, 하는 일은 여느 농부들과 다를 바 없었다.

"광석아, 얼른 나와라!"
"광석아, 쇠죽 끓여야지!"
"광석아!"

하루 종일, 농장에서는 내 이름이 불렸다. 학교를 마치고 집에 돌아오면 가방을 집어 던지고 소를 끌고 나간다. 산천초목을 돌아다니면서 소가 먹을 풀들을 찾아내고, 소가 먹을 때까지 기다리는 게 내게 주어진 일이었다. 집 근처에 풀이 소담스레 올라오는 봄이면 그나마 사정이 나았지만, 여름이나 가을, 겨울이 되어 풀을 찾을 수 없는 날이 오면 그때부터는 고난의 행군이 시작된다. 소들을 끌고 500m가 넘는 길을 걸어갔다 오는 건 예사였고, 1km 넘는 거리를 걸어가서 먹이를 주고 오는 일도 허다했다. 정 먹거리가 없으면 소는 놔두고 내가 직접 산 넘고 물 건너서 풀을 베어 와야 했다. 지게를 지고 산과 들을 쏘다니며 직접 풀들을 베어 오는 것이다. 사람인 나나 동생들은 먹을 게 없으면 종종 굶기도 했지만, 농사를 하는 데 필수인 최고의 일꾼, 소는 하루도 굶길 수 없었다. 이제 막 17살, 18살이 된 아이가 지게를 지고 몇 km나 되는 길을 일상처럼 걸어 다녔다. 집에 와서도 편히 쉬지는 못했다. 특히, 가을이나 겨울에는 소죽을 끓였는데, 그것도 내 몫이었다. 소죽을 끓여놓고 학교를 가면 할머니나 아버지가 아침에 소들을 먹이고, 저녁에는 내가 하교하고 와서 직접 소들을 끌고 다니며 풀을 먹이는 것이다. 하루의 일과가 매일 똑같았다.

그때는 소라면 지긋지긋했다. 온종일 소들과 함께 시골길을 누비다 보면 내 몸에서 소똥 냄새가 나는 것 같았다. 나와 동생들이 힘든 이유가 모두 소 때문인 것처럼 느껴졌다. 소가 줄어들어도 일과는 바뀌지 않았다. 그 시절에는 아이들이 일하는 것이 당연했고, 나는 장남에 일머리도 좋은 편이었기에 하루가 멀다하고 불려가서 일을 해야 했다. 논으로, 밭으로. 그렇게 불려 다니니 공부할 시간이 어디있나. 해가 지고 귀가하면 밥 먹고 쓰러져 잠들기 비뺐다. 책가방을 메고 학교를 다니고는 있있지만, 그때의 나는 학생이라기보다는 농부의 삶에 더 어울리는 하루를 보내고 있다. 피로가 누적되어 책상에 앉기만 하면 졸음이 쏟아시니 책이 눈에 들어올 리가 없었다. 시험 때면 벼락치기로라도 공부를 하는 시늉을 하기는 했지만, 기초가 튼튼하지 않아 성적도 항상 고만고만했다.

집안에서도 공부에는 관심이 없었다. 특히 5남매와 가족들의 생계를 책임지는 아버지는 굉장히 엄했다. 나는 장남이라 그래도 할머니나 다른 집안 어른들로부터 예쁨을 받는 편이었지만, 아버지는 돈이 되지 않는 일에는 칼같이 매정했다. 그런 아버지의 성격을 잘 알고 있어서 어쩌다 학교에서 준비물을 가져오거나, 책을 사야 할 때가 되면 나는 아버지가 기분 좋을 때를 따로 골라서 조용히 말을 꺼내야 했다.

"그…아버지. 학교에서 책이 필요해서 그런데, 돈 조금만…"
"돈? 이놈이. 나한테 돈 맡겨놨냐? 네놈 줄 돈이 어딨어!"

기분이 좋으실 때는 품에 숨겨놓은 비상금을 털어서 내게 돈을 주셨지만, 일이 잘 풀리지 않는 평소에는 돈 얘기만 꺼내도 지게 작대기를 들어 나를 때리려고 하셨다. 그래서 나는 학창시절 내내 책이나 문제집을 한 번도 사지 못하고 친구한테 빌려서 공부하곤 했다. 아버지의 검소함과 돈에 대한 집착을 그때는 이해하지 못했지만, 어느 정도 머리가 크자, 그 마음을 이해할 수 있었다. 그때나 지금이나 돈이 없으면 비루해지고 서글퍼지는 게 사람의 인생이다. 하물며 아버지는 우리 5남매를 비롯한 가족들의 생계를 책임지고 계셨으니, 그 어깨가 얼마나 무거웠을까.

나는 어려서부터 아버지를 따라다니며 농사일을 배웠다. 아주 어린 시절부터 아버지 곁에 달라붙어서 일을 배웠기에 나는 아버지와의 호흡이 꽤 잘 맞았다. 아버지는 답답하거나 느릿느릿한 걸 병적으로 싫어하셨다. 생각한 건 바로 해야 했고, 그 결과물도 최대한 빨리 보길 원했다. 그런 면은 나와 무척 닮아 있었다. 그래서 나는 아버지가 뭔가를 지시하면 듣는 즉시 실행해 아버지가 부리기 편하셨다. 당장 할 수 없는 일이면 하는 시늉이라도 해야 아버지가 화를 내지 않으셨다. 게다가 농사일을 천직으로 아는 분이라 농사할 때면 아들이라도 전혀 봐주지 않으셨다. 고등학교 1학년 때였나. 이제 막 고등학교에 들어갔을 때의 일이다. 하교를 하고 집에 도착하자, 아버지는 나를 부르더니 딱 한 마디를 하셨다.

"밖에 지게 매고 따라와."

서둘러 교복을 벗고 편한 옷으로 갈아입은 후에 아버지를 따라나섰다. 농촌에서는 5월 말, 6월 초가 되면 모내기로 엄청나게 바빠진다. 모든 농가가 일손이 부족해져서 대부분의 농가에서는 품앗이를 하거나 아예 새로 짧게 사람을 구하기도 한다. 아버지도 평소라면 품앗이를 할 테시반, 마침 장손인 내가 버리노 어느 정도 컸겠다. 농사일도 가르쳐야겠다며 모내기를 함께 하기로 한 것이었다. 지금까지 지켜만 봤던 모내기를 내가 해야 한다는 생각에 목이 뻣뻣하게 굳어왔다. 긴장감이 등을 타고 찌릿하게 온몸을 휘감았다. 지게에는 모가 잔뜩 들어있었다. 지게 앞에 자세를 잡고 앉아 등에 지게를 밀착시켰다 묵직한 무게감이 느껴졌다. 20kg? 30kg? 정확한 무게는 지금도 알 수가 없지만, 등과 허리, 어깨가 부서질 것처럼 아팠던 기억은 난다. 나는 몇 번이나 아버지가 지게를 지고 모내기를 하는 모습을 봤었다. 아버지는 동네 마실이라도 나가는 것처럼 수월하게 지게를 척척 짊어졌었는데, 나는 지게를 한 번 등에 올리는 것부터가 난관이었다.

어렵게 지게를 올리고 아버지를 따라나섰다. 아버지 역시 나와

17

비슷한 크기의 모를 짊어지고 있었는데도 발걸음에 거침이 없었다. 반면, 나는 발을 부들부들 떨면서 천천히 한 발씩 움직이고 있었다. 처음 경험하는 무게에 균형을 잡기가 너무 힘들었다. 그나마 평지에서는 금방 적응이 되어 생각보다 수월하게 움직일 수 있었지만, 논에서는 균형잡기가 더 힘들었다. 장화를 신고 있음에도 물 천지인 논은 사방이 미끄러웠고, 발이 푹푹 빠졌다. 비 오듯 땀을 흘리며 어렵게 한 발을 내디딜 동안, 아버지는 성큼성큼 앞으로 나아가고 계셨다. 아버지의 이마에도 송글송글 땀방울이 맺히긴 했지만, 전혀 힘들다는 표정이 아니었다. 논까지 가는 그 시간이 어찌나 멀고 길게 느껴졌는지. 땀으로 목욕을 한 것처럼 온몸이 땀으로 범벅이 되어서야 나는 논에 지게를 내려놓을 수 있었다. 땅바닥에 털썩 주저앉아 가만히 숨을 골랐다. 숨이 턱 끝까지 차올랐다

"자, 여기 못자리 표시해 뒀으니까, 여기다가 모를 심으면 된다. 잘 보고 따라 해."

아버지는 지게를 논두렁 앞에다 턱 내려놓고는 한 움큼의 모를 집어 들고 빠르고 정확한 동작으로 모를 심었다. 생각보다 쉬워 보이는 동작에 안도의 한숨을 내쉬는 것도 잠시, 직접 해본 모 심기는 훨씬 어려웠다. 일단 지게를 내려놓는 것부터가 일이었다. 논두렁은 물을 머금은 풀이 사방에 깔려있어서 맨몸으로도 균형

잡기가 힘들다. 그런데 지게를 매고 그런 곳에서 균형을 잡고, 심지어 지게의 무게에 휘둘리지 않게 잘 내려놓기가 생각보다 어려웠다. 논두렁으로 내려가는 길에 몇 번이나 미끄러져 넘어질 뻔했다. 어렵게 내려간 논두렁에서 지게를 내려 놓을 때는 무게 중심을 잡지 못해 그대로 앞으로 고꾸라져 버렸고, 흩어진 모를 다시 주워담는 과정에서 서너차례 더 자빠지며 논두렁에 얼굴을 박았다. 아프기도 했지만, 무엇보다 창피했다. 그래도 고등학생씩이나 된 놈이 균형을 잃고 자꾸 자빠진다는 게 정상은 아닌 것 같았다. 나는 서둘러 아버지의 눈치를 살폈다. 모가 망가졌다며 한 자례 고힘이 들러올 줄 일있는데, 아버지는 생각보다 남남했나.

"처음에는 많이 넘어질 거다. 장화 단단히 신고, 균형 잡는 법을 연습해. 그렇다고 멈추지는 말고. 모는 계속 옆에 날라다 놔. 심는 건 내가 할 테니까."

아버지의 무심한 한마디에 나는 기를 쓰고 모를 날랐다. 중간에 넘어진 것까지 합하면 수십 번은 넘어지면서 모를 날랐었다. 이처럼 아버지의 혹독한 훈련 덕분일까. 고등학생이 된 이후로 나는 아버지를 대신할 수 있을 정도로 뛰어난 농사꾼이 되어 있었다. 농촌에서는 바쁜 시기에 품앗이라는 걸 한다. 모내기처럼 일손이 많이 필요한 작업을 할 때 마을 사람들 모두가 달려들어 함께 작업을 하는 행위다. 품앗이는 일손이 부족한 농촌이 살아남기 위한 고육지책으로 바쁠 때는 통상 모든 집이 하루씩 돌아가며 품앗이를 한다. 품앗이를 할 때 불문율 중 하나가 바로 어린 아이들을 보내선 안된다는 것이다. 피치못할 사정이 있으면 당사자에게 설명을 해야겠지만, 별 말 없이 어린 아이들을 품앗이 인력으로 보낼 경우, 서로 감정이 상할 가능성이 크다. 품앗이를 한다는 말은 어쨌든 장시간의 힘든 노동이 기다리고 있다는 뜻인데, 여기에 사실상 큰 도움이 되지 않는 어린 아이를 보내는 건 품앗이에 참여했다는 생색은 내고, 자신은 편하게 쉬겠다는 뜻이나 다름없었기 때문이다. 그런데 나는 고등학교 2학년 때부터 아버지 대신 품앗이를 가도 욕먹지 않을 정도로 노련한 일꾼이 되어 있었다. 물론 아버지는 본인이 아프시거나, 급한 일이 있을 때만 나를 대신 품앗이로 보내셨지만, 남에게 신세 지는 걸 끔찍하게 싫어하시는 아버지가 나를 품앗이로 보낸다는 것 자체가 나를 훌륭한 일꾼으로 인정한다는 뜻이었다.

아버지라는 단어를 들으면 애틋함과 더불어 잔뜩 굳은 아버지의 얼굴이 떠오른다. 내게는 가까이 하기에는 너무 무섭고, 커다란 벽처럼 느껴지는 아버지였지만, 유쾌한 기억이 아예 없는 건 아니다. 고등학생 시절, 뜨거운 태양이 내리쬐는 여름이 되면 아버지는 수박농사를 지으셨다. 꽤 큰 규모의 밭 전체에 내 머리통만 한 주먹이 주렁주렁 열리면, 그중에서 가장 커다랗고 맛이 좋아보이는 놈을 가져다가 가족들과 반으로 갈라 먹기도 했다. 그리고 수박이 익어서 따야 하는 7월 초중순이 되면 아버지는 밭을 한눈에 볼 수 있는 가장자리에 원두막을 만드셨다. 어릴 때는 그 원누막이 마치 우리 가족만의 아지트 같은 느낌이라서 꽤 좋아했던 기억이 난다.

"아버지. 이 원두막은 왜 짓는 거에요?"
"이거? 당연히 도둑놈 잡으려고 만드는 거지. 너도 앞으로 시간 될 때마다 여기서 밭 좀 감시해라."
"감시? 누구를요?"

지금은 서리를 하면 남의 재산을 훔치거나 파손한 혐의로 곧장 경찰서에 끌려가지만, 그때는 서리가 그렇게 큰 범죄가 아니었다. 오히려 동네에서 좀 활동적인 아이들은 누구나 한 번쯤은 하는 연례행사나 다름이 없었다. 신고를 하고, 아예 도둑을 직접 잡아서 경찰서까지 끌고 가도 애들 장난에 예민하게 반응한다는 핀잔만 듣기 일쑤라 밭 주인들도 대부분 서리를 눈감아줬다. 하지만 아버지는 아니었다. 서리를 감시하기 위해 직접 원두막까지 짓는 열정을 보인 아버지는 수박이 영글어갈 때면, 나와 교대로 잠을 자며 혹시 모를 도둑들을 쫓아냈다.

무더운 여름에 선풍기 하나 없이 원두막 위에 앉아있으면 엄청나게 더웠지만, 그늘에서 가만히 앉아 바람을 쐬는 그 기분이 그리 나쁘지만은 않았다. 나 혼자 밤을 새며 원두막을 지킨 적도 있지만, 아예 친구 몇 명을 불러 함께 밤을 지새우기도 했다. 그 나이 때 아이들이 으레 그렇듯이, 나 역시 친구들과 함께 있으면 시간 가는 줄 몰랐고, 시덥지 않은 대화만 나누어도 웃음이 터졌다. 수박 한 통을 둘이서, 혹은 셋이서 쪼개 먹으면서 더위를 식혔다. 제대로 자라지 못해 버려야 하는 수박은 친구와 주먹이나 발로 깨부수며 놀기도 했다. 그날도 친구와 원두막에서 농담을 건네고 있었다. 달빛이 밝은 탓이었을까. 밭을 지나가는 흐릿한 그림자가 내 눈에 들어왔다.

"어, 잠깐. 야, 저거 도둑놈 아냐?"
"응? 어디? 어라? 진짜네. 움직인다!"

나와 친구는 묘한 흥분에 휩싸여 정체 모를 도둑을 쫓아갔다. 손에 후레쉬를 들고 도둑 쪽을 비추며 고래고래 소리를 지르기도 했다. 정말 단순하고 별거 아닌 일이었지만, 내 어린 시절을 밝게 비춰주는 한 줄기 광명과 같은 유쾌한 추억이었다.

어렸을 적 내 꿈은 복싱 선수였다. 어릴 때부터 한시도 가만히 있지 않고 천방지축으로 뛰어다니는 통에 어른들은 다들 내가 운동을 하거나 활동적인 일을 할 것으로 생각했다고 한다. 그러다가 TV에서 홍수환 선수를 봤다. 이전에도 한국에서 챔피언이 탄

생한 적은 있지만, 홍수환은 챔피언이 된 과정이 워낙 극적이고 경기 내용도 무척이나 짜릿해서 큰 화제가 되었던 인물이다. 당시만 해도 한국은 동양의 작은 반도국가로 세계적인 인지도가 거의 없는 나라였다. 복싱 불모지라고 해도 과언이 아닌 그런 나라에서 챔피언에 도전하는 선수가 나온 것만으로도 특이한 일이었다. 그래서인지 모든 방송과 신문에서는 홍수환 선수의 도전을 생중계하며 대서특필했다. 나 역시 친구들과 함께 홍수환 선수의 처절한 챔피언 도전 경기를 지켜봤다. 2라운드 내내 상대에게 엄청나게 얻어맞고 4번이나 다운되는 그의 모습을 보면서 나는 다른 사람들과 마찬가지로 질 것 같다며 빈정 쏘기했었다. 그런데, 3라운드, 끝까지 포기하지 않고 퉁퉁 부은 눈으로 상대를 향해 달려드는 홍수환 선수를 보며 나는 완전히 매료되고 말았다. 결국, 폭풍처럼 주먹을 뻗어낸 홍수환 선수는 상대를 쓰러뜨리며 KO로 승리했다.

"엄마, 나 챔피언 먹었어!"

인터뷰에서 했던 친근하고 서글서글한 멘트도 퍽 마음에 들었다. 지켜보는 사람들 대부분이 포기했음에도 끝까지 도전하며 결국 성과를 이룬 그의 집념, 거기에 순수하게 승리를 만끽하며 환하게 미소 짓던 모습까지. 어린 나의 눈에 홍수환 선수는 영웅처럼 남아 있었다. 나도 언젠가 저 링에 올라가 홍수환 선수처럼 포기하지 않고 끊임없이 도전하고 부딪쳐 승리를 거머쥐고 싶다는 생각을 했다. 어린 마음에 친구들 앞에 나가서 공공연하게 복싱선수가 되겠다고 공언하는 일도 많았다. 글러브가 없어서 장갑이나 풀을 뭉쳐서 글러브처럼 만들어 친구들과 스파링을 하기도 했고, 혼자 괜히 거울 앞에서 주먹을 뻗어보기도 했다.

나름 체력도 괜찮았다. 중학교 2학년 때는 15km 마라톤대회를 나가서 전교에서 7등을 할 정도로 체력이 좋았다. 친구와 동생들은 하루 종일 농사일을 하면서 얻은 체력 덕분이라고 놀려댔지만, 한 번도 운동을 본격적으로 배워본 적이 없는 아이가 마라톤이나 다른 운동에서 두각을 나타내는 게 흔한 일은 아니었다. 집안의 반대가 심하고, 근처에 권투를 배울 수 있는 복싱장이 없어서 그 꿈은 끝내 이루지 못했다.

승부욕도 만만치 않았다. 그 시절 동네 사람들이 모두 좋아하는 오락, 놀이라고 하면 바둑이나 장기 정도가 다였다. 마을 곳곳에 있는 작은 평상이나 벤치, 공원에서는 시도때도 없이 어른들이 장기를 두었다. 아예 재미로 돈을 걸고 내기를 하는 어른들도 많았다. 어릴 때부터 곁눈질로 어른들이 장기를 두는 모습을 지켜본 나는 학교에 들어갈 무렵부터 룰을 알게 되면서 장기판을 돌아다녔다. 처음에는 학교에 있는 친구들과 재미로 장기를 두다가 조금씩 실력이 늘어 나중에는 어른들이 노는 판에 끼어들기도 했다. 아예 어른들과 내기 장기를 두기도 했다.

"머리에 피도 안 마른 놈이 무슨 장기야! 너 장기 두는 법은 아냐?"
"암요. 그것도 모르면서 하자고 했을까 봐요. 그러지 말고 재미 삼아 한 번만 해 주세요."

동네가 좁다 보니, 다들 아는 얼굴들이었다. 장기를 두는 분들도 모두 아버지의 친구 분들이었는데, 처음에는 괘씸하다고 하셨면 그분들도 나와 몇 차례 장기를 두면서 내 실력을 인정해 주셨다. 실제로 몇몇 분들은 내게 장기를 지고 매일같이 도전하신 분들도 많았다.

"아악! 또 졌네! 이 어린놈이 왜 이렇게 장기를 잘 두는 거야? 다음에 한 판 더!"

지금도 내가 가장 좋아하는 놀이 중 하나가 바로 장기다. 장기는 애초에 전쟁을 상정하고 만들어진 놀이이기에 전략성이 뛰어나다. 몇 가지 대중적인 포진 정도는 있지만, 사람마다 두는 스타일이 다르고 포진을 전개하는 방식도 다르다. 이 과정에서 드러나는 상대의 성향, 성격을 분석하고, 이를 기반으로 나만의 전략을 짜서 결국 상대의 왕을 잡아낼 때의 쾌감이 꽤 뛰어나다. 그래서 나는 지금도 종종 온라인 장기를 두며 스트레스를 풀기도 한다.

복싱 선수에 장기 기사, 운동선수 등등 꿈은 컸지만, 현실 속에서 나는 어린 농부, 그 이상도 이하도 아니었다. 어른들에게 꿈을 이야기하면 대부분은 호되게 꾸짖거나 실없는 소리 하지 말라며 핀잔을 주기 일쑤였다. 내 말에 유일하게 귀 기울여 주는 이는 오직 한 분, 할머니 뿐이었다.

"아이고, 우리 새끼. 그래. 그래. 너 하고 싶은 거 다 하고 살아라. 그래야 마음에 응어리가 없는 법이야."

이 세상의 모든 할머니들은 손자들을 애지중지하고 예뻐하지만, 우리 할머니는 유난히 정이 많으셨다. 할머니는 젊었을 때 먹고 살기 바빠서 아이들 크는 모습을 제대로 보지 못하셨다며 우리를 마치 본인 자식처럼 사랑과 정성으로 키우셨다. 우리 오 남매를 모두 예뻐하셨지만, 그중에서도 장손인 나를 특히 예뻐하셨다. 농사일이 바빠 우리를 돌볼 시간이 없는 부모님을 대신해 부모 역할을 해준 것이 바로 할머니였다.

"할머니. 다리 아파."
"아이고. 오냐. 여기, 할미 등에 업혀. 같이 산책이나 나갔다 오자."

봄이면 할머니 손을 잡고 냉이를 캐러 나갔고, 가을이면 할머니, 형제들과 도토리를 따러 산을 올랐다. 평소 아버지를 닮아 말이 많지 않고 무뚝뚝한 편이라 어릴 때는 애늙은이 소리도 많이 들었던 나지만, 이상하게 할머니와 함께 있으면 어리광을 부리고 싶어졌다. 할머니는 내가 어리광을 부릴 때마다 마치 기다렸다는 듯, 고개를 끄덕이고 환하게 웃으며 나를 보듬어 안아줬다. 할머니 품에서 나는 특유의 정겨운 향기, 체취가 내 몸과 마음을 편안하게 만들어주었다. 아버지와 일을 할 때면 내가 성인이 되어 농사꾼이 된 것 같았지만, 할머니와 함께 있으면 나도 마음껏 어리광 부릴 수 있는 어린아이로 돌아간 것 같았다. 그래서 나는 힘든 일이 있거나 휴식이 필요할 때면 습관처럼 할머니를 찾아가 안겼다.

지금 생각해 보면 할머니는 유난히 내게 많은 사랑을 주셨었다. 아마 첫 손자인 데다가 집안의 장손이기도 했기 때문일 것이다. 맛있는 간식이 생기면 언제나 나를 살짝 불러서 나 혼자 먹으라며 주기도 했고, 명절 때는 내 전용 군것질 상자 하나를 따로 만들어 주셨다.

"광석아, 일로 와. 거실에서 먹으면 네 동생들이 다 뺏어 먹으니까. 저기 할머니 방 들어가서 후다닥 먹고 와. 얼른."

언제 어디서나 나를 먼저 생각하는 할머니 덕에 나는 조건 없는 사랑이 주는 행복함과 풍족함을 느낄 수 있었다. 그때는 그냥 할머니와 함께 있는 시간이 무작정 좋았지만, 돌이켜 생각해 보면 농사일과 학업으로 정신없는 나날을 보내던 내게 사랑의 따스함을 알려준 거의 유일한 인물이 아니었을까. 그렇게 내게는 또 하나의 부모나 다름없었던 할머니는 15년 전, 노환으로 돌아가셨다. 내가 다쳤을 때도 내 손을 부여잡으며 하루 종일 기도를 올리시고, 눈물로 밤을 지새우시며 내가 서둘러 기운 차리길 바라셨던 할머니. 지금도 할머니의 푸근하고 인자한 웃음을 떠올리면 나도 모르게 미소가 지어진다. 이제는 내가 할아버지라 불릴 만큼 세월이 많이 흘렀지만, 여전히 나는 할머니 생각을 하면 눈시울이 붉어질 만큼, 할머니는 내게 큰 행복과 추억을 선물한 소중한 인연이었다.

공부를 잘하는 것은 아니었지만, 나는 타고난 친화력과 사회성, 성실함 등으로 동네에서 궂은일을 도맡아 하는 학생으로 유명했다. 요즘 사람들은 잘 모르지만, 내가 고등학생일 때는 4H라 부르는 사회적 활동이 있었다. 지, 덕, 노, 체. 지성(head), 덕성(heart), 근로(hand), 건강(health)의 뜻을 지닌 영어의 네 단어 머리글자를 따서 만든 운동으로 농촌의 생활 향상과 기술 개량을 도모하고 청소년들을 고무하기 위해 시작된 운동이었다. 지금은 도시화와 함께 거의 사라진 활동이지만, 내가 고등학생일 때만 해도 동네마다 4H 활동이 왕성하게 이뤄졌었다. 청소년이나 청년들이 모여서 마을 청소도 하고 마을에 어려운 일이 있으면 돕기도 하는, 일종의 자경단 같은 역할을 하는 이들이었다. 시 차원에서 권장하는 활동이라 마을의 젊은이들은 너나 할 것 없이 대부분 참여하는 단체였다. 나 역시 고등학생 때부터 열심히 참여했는데, 활동하는 내 모습이 인상 깊었는지, 시에서 근무하는 선배 한 분에게 연락이 왔다.

"어, 광석아. 너 4H 그거 회장 한번 해보면 어떠냐?"
"예? 아니에요. 지 학교 성적도 별로 안 좋고 바쁜데요."
"아냐, 네가 딱이야. 동네 애들이 다 너만 쫓아다니더만. 아버지께는 내가 잘 말씀드려 볼게."

학교 선배이자 동네 아는 형의 추천으로 나는 4H 회장으로 활동하게 되었다. 고등학교 3학년. 공부를 잘하는 학생이라면 입시로 바쁠 시기였지만, 나는 4H 활동에 매진하며 1년을 보냈다. 지금 돌아보면 굉장히 도전적이고 독특한 행보였다. 한창 공부할 시기에 사회 활동이라니. 다른 학생들과 조금 다른 하루를 보낸다는 설레임으로 시작한 일이었지만, 당시의 경험은 이후, 내가 살아가는 데 큰 힘이 되어주었다. 시와 함께 협력해 대규모 봉사 활동을 계획하고, 또래 학생들과 협력하며 한 단체를 이끌어 가면서 나는 리더십과 소통의 중요성을 깨달았다. 더불어 희생과 봉사의 마음에 대해서도 조금이나마 깨달을 수 있었다. 나의 도움으로, 그리고 내 행동으로 누군가가 기뻐하는 모습을 볼 때, 말로 다 하기 힘든 보람과 행복을 느낄 수 있다는 걸 처음으로 알게 된 순간이었다.

그리고 맞이한 고등학교 졸업. 나름 4H 생활과 농사 경험으로 세상 돌아가는 이치를 깨달은 나는 하루라도 빨리 나만의 기술, 재능을 찾고 싶었다. 농사는 이미 어렸을 때부터 충분히 해 봤으니, 이제는 공장이나 학교에서 본격적으로 기술을 배우겠다는 생각에 성남에 있는 대유 공업전문학교에 지원하려고 했다. 그때 처음으로 개교하는 학교라 계획대로 입학만 한다면 내가 1회 졸업생이 될 수 있는 좋은 기회였다.

"아버지, 어머니. 저 여기 학교 좀 보내주세요."
"학교? 대학교 말하는 거냐? 야, 네가 지금 동생이 넷이나 있는데 어떻게 대학을 간다고… 됐어!"

이미 원서까지 써 놓고 있었던 내게는 청천벽력이나 마찬가지인 소리였다. 흔쾌히 보내줄 거라고 생각하지는 않았지만, 그렇게 매몰차게 반대할 줄은 몰랐다. 아버지는 들을 것도 없다는 듯, 내 말을 무시했고 어머니는 안타까운 눈으로 고개를 저었다. 나는 어머니가 보는 앞에서 원서를 찢어버리고 그 길로 집을 나와 버렸다. 나는 지금까지처럼 이천에서 농부로 늙어가기는 죽기보다 싫었다. 하루하루가 똑같은 농부의 일상은 젊고 활력이 넘쳤던 내게는 견디기 힘든 삶이었다. 홧김에 집을 나온 나는 그길로 수원으로 상경했다. 당시 내가 아는 가장 큰 도심이 수원이었기 때문이다. 무일푼으로 수원까지 어찌저찌 찾아왔지만, 당장 먹고 살 길이 막막했다. 한참을 정처 없이 수원을 돌아다녔다. 이리 저리 바쁘게 움직이는 사람들, 책가방을 메고 대학교를 오가며 밝은 미소를 짓고 있는 내 또래 친구들까지. 별세계였다. 그런 모습을 보면 볼수록, 어떻게든 이 도시에 머물고 싶다는 마음이 커졌다. 돈은 한 푼도 없었고, 가진 새주도 없었지만, 내게는 섦은 패기와 자신감이 있었다. 수원 구석구석을 돌아다니며 모집 공고를 살펴보다가 안성맞춤인 공고를 발견했다. 숙식 제공이 되는 데다가 특별히 기술이 필요없는 일. 폐차장이었다.

 그 길로 폐차장을 찾아가 취직을 했다. 당장 잘 곳이 없어서 시작한 일이었지만, 나름 적성에는 맞았다. 폐차장이 그리 크지 않아서 아기자기한 맛이 있었고, 주인집 아들부터 나까지. 총 다섯 명이 함께 일해서 사람 사귀는 맛도 있었다. 하는 일은 이름 그대로 폐차. 들어온 차를 커다란 해머로 부수고, 도끼로 패서 차를 조각내고 분해하는 일이었다. 그때만 해도 용접 기술이 좋지 않아서 통짜 철을 가지고 차를 만들었기 때문에 이 통짜 철을 자르고 부숴서 팔아야 했다. 처음에는 무거운 걸 휘두르고, 물건을 부수니 스트레스도 풀리고 나쁘지 않았다. 대학에 진학하지 못하면서 내 안에는 집과 가족, 그리고 돈에 대한 울분과 분노가 치솟고 있었다. 하나뿐인 장남이 공부 좀 해보겠다는데 그걸 반대하는 부모님과 부모님이 그런 반대를 하게 된 돈에 대한 분노를 분출하는 데는 폐차장이 제격이었다. 하지만 너무 힘들었다. 나름 건장한 체격에 어린 시절부터 농사일로 단련한 신체였음에도 하루 종일 해머를 휘두르고 도끼를 내리치니, 온몸이 쑤시고 아팠다. 그렇게 5개월을 지냈다. 아무리 내가 힘든 일에는 이골이 났다고 해도, 처음 해보는 폐차장 일이 만만할 리가 없었다. 일할 때는 힘든 줄도 몰랐지만, 퇴근하면 무너지듯이 침대에 몸을 뉘였고, 다시 일어나서 출근하는 나날이 반복되었다. 언제까지 이렇게 살 수는 없었다. 그래도 5개월을 일하며 나는 처음으로 목돈을 손에 쥘 수 있었다. 이 돈이면 어떻게든 혼자 살아갈 수 있겠다는 생각을 했다. 나는 제대로 된 직장을 잡고 싶다는 생각에 주말마다 다시 수원 전역을 돌아다니기 시작했다.

지금은 20대 초중반 젊은이들도 일할 곳이 없다고 난리지만, 내가 20대 때는 널린 곳이 일터였다. 특히 수원은 그때 제조업의 천국이라고 해도 과언이 아닐 정도로 제조업 공장이나 기업들이 많았다. 수많은 제조기업들의 모집 공고를 유심히 살펴보던 와중에 삼성전자의 이름이 눈에 들어왔다. 당시에도 꽤 잘 나가는 기업으로 인정받고 있던 삼성전자에서 신입사원을 모집한다는 공고를 보고 원서를 내 보자고 결심했다.

'에이씨. 모 아니면 도지. 이거저거 다 해봐야 뭐라도 방법이 생기는 거 아니겠어?'

고등학교 졸업이었지만, 4H 활동과 각종 농사일, 폐차장 이력까지. 나름 이력서에 쓸 내용은 많았다. 꼼꼼하게 작성한 원서를 내고 면접을 봤다. 제일 깔끔한 옷을 입고 면접장에 나가서 살아온 이야기를 쭉 했고, 어떻게 일하겠다는 포부까지 밝혔다. 지금 생각해도 쥐뿔도 없이 막무가내로 부딪친 무모한 도전이었다. 그렇게 면접을 보고 며칠을 폐차장에서 더 일하자, 합격했다는 연락을 받았다. 나중에 입사하고 담당자에게 물어보니 능력이 좋거나, 특별히 봐 줄 만한 이력이 있는 건 아니어서 금방 떨어뜨릴 생각이었다고 한다. 하지만 내가 인상이 좋고 눈빛이 살아있는 데다가 자신감이 넘쳐서 그 기세에 압도되어 뽑았다는 이야기를 전해 들었다. 그토록 원하던 대학에 합격한 건 아니었지만, 그래도 기술을 배울 수 있는 제조업 공장에 취직했다는 기쁨에 며칠 동안 잠을 이루지 못했다. 짧지만 정들었던 폐차장 식구들과 작별하고 방을 구하러 다녔다. 심싱진자는 숙소를 제공하지 않아 공장 인근에 따로 숙소를 잡아야 했다. 폐차장에서 일하면서 나름 목돈도 구했고, 번듯한 직장도 있으니, 집을 구하는 게 어렵지는 않았다.

새로 얻은 집은 수원 고등동 골목에 있는 작은 방이었다. 방이라고는 하지만 간신히 몸만 뉘울 수 있을 정도로 작은 곳이었다. 성인 두 명이 발을 뻗고 누우면 끝이 닿는 아주 작은 골방. 가구나 장식을 놓을 장소는 없었고, 밥을 해 먹을 공간도 없었다. 남들이 보면 작고 허름한 골방이라며 진저리를 쳤을 집이었지만, 내게는 천국 부럽지 않은 나만의 행복한 보금자리였다. 난생 처음으로 가져 본 나만의 집. 온전히 내 집도 아니고 월세인 데다가 퇴근하고 와서 잠만 자는 집이었지만, 아무런 걱정 없이 내 한 몸을 뉘울 수 있는 공간이 주는 위안이 어찌나 크던지. 아침 일찍 회사에 출근해서 점심을 먹고 늦게 퇴근해서 잠을 자는 생활이 계속되었다. 점심과 저녁을 모두 회사에서 해결하기에 따로 생활비는 거의 들지 않았다. 다만, 따로 집에서 살림을 하는 사람이 없다 보니, 연탄불이 꺼질 때가 많아 새벽에도 옆방에 가서 연탄을 꾸어서 사용하는 일이 많았다. 그래도 행복한 시절이었다. 당시 내가 받는 월급이 5~7만원. 월세는 2만 원이 넘지 않을 정도로 꽤 저렴했다.

직장 생활도 나쁘지 않았다. 나는 어린 시절부터 동네에서 나서기를 좋아하고 어느 조직을 가도 리더 역할을 했던 나는 직장에서도 활발하고 적극적인 인재로 평가받았다. 직장에서 체육대회나 워크숍이 있으면 항상 앞장서서 상황을 주도했고, 응원단장을 하기도 했다. 대부분의 사원들이 부끄럽고 창피하다는 이유로 앞으로 나서지 않았지만, 나는 개의치 않았다. 힘든 일이 있으면, 먼저 자원했고, 남들 앞에 나서는 일도 마다하지 않았다. 가장 기억에 남는 일은 체육대회였다. 전체 직원들이 모두 모여서 부서별로 진행하는 대회였는데, 이 행사에서 나는 응원단장을 맡았다. 수백, 수천 명이 모여 있는 커다란 운동장을 발에 땀이 날 때까지 열심히 뛰어다녔다. 신나는 음악을 목이 터져라 부르짖었고, 과장된 동작으로 흥을 끌어올렸다. 작은 몸으로 날쌔게 운동장을 돌아다닌다고 해서 직장 동료들은 내게 '날으는 독수리'라는 기상천외한 별명을 붙여주기도 했다. 직장 생활이 이느 정도 익숙해졌을 때였다. 하루는 동기로 입사한 친구 녀석 하나가 내게 말했다.

"야, 광석아. 너 아직도 그 골방에서 혼자 사냐?"
"응. 왜?"
"야, 그럼 너만 괜찮으면 같이 사는 게 어때? 내가 사는 데가 좋긴 한데, 월세가 비싸서, 반씩 부담하면 괜찮을 것 같은데." "위치가 어딘데?"
"직장에서 걸어서 10분 거리야. 그 골방이랑은 비교도 되지 않을 정도로 좋다니까?"
"그래? 오늘 퇴근하고 한 번 가보자. 마침 나도 옮길까 고민하고 있어서."

김성만. 일에만 열중하는 나와 달리 녀석은 이런 저런 소문이 많은 녀석이었다. 입사 동기만 해도 수십 명인데, 그중에서도 나와 같은 공장, 같은 구역에서 일하게 된 녀석은 키가 크고 얼굴도 훤칠했다. 직접 확인해 본 녀석의 집은 생각보다 좋았다. 방이라고 작은 문턱 하나 놓인 수준이라 사생활이 없고 하루 종일 같은 공간을 써야 한다는 게 걸리긴 했지만, 어차피 집에는 들어가서 잠만 자고 있었기 때문에 크게 걸릴 건 없었다. 흔쾌히 고개를 끄덕인 나는 다음 날부터 녀석과 동거 아닌 동거 생활을 하게 되었다.

그 집에서 약 1년 정도를 있었다. 1년을 함께 생활했지만, 성만이와는 전혀 친해질 수 없었다. 사람마다 결이라는 게 있는데, 녀석과 나는 결이 완전히 달랐다. 나는 지각이라고는 직장생활을 하면서 한 번도 해본 적이 없고, 주어진 일은 바로바로 처리를 해야 직성이 풀리는 스타일이었는데, 성만이는 나와 정반대였다. 지각은 밥 먹듯이 했고, 일은 최대한 미루고 미루다 마지막에 닥쳐서야 하는 시늉을 했다. 여자 문제도 많았다. 직장에 있는 여성들에게는 모두 치근덕거렸고, 하루가 멀다하고 술을 마시고 여자를 찾아다녔다. 직장에서의 평판은 최악이었으며 밤에는 코를 골기까지 했다. 거기다 하루 종일 입에 욕을 달고 살면서 직장 사람들과 주변 사람들 흉을 보는 습관까지 있었다. 이 녀석과 있다가는 나까지 직장에서의 평판이 떨어질 것 같았다.

"성만아, 나 다음 주에는 짐 뺄게."

"나간다고? 언제?"

"이제 알아봐야지. 오늘 휴일이니까 방 보러 다니려고."

"흠...그래? 아쉽네. 그래라."

생각에 잠겨 있는 것 같았던 성만이는 내 생각보다 흔쾌히 고개를 끄덕였다. 연차를 내고 하루 종일 집을 보러 다녔다. 1년 넘게 삼성전자에서 일하면서 열심히 돈을 모았기에 자금은 충분했다. 하루를 꼬박 수원 시내를 돌아다녀 마음에 드는 집을 얻었다. 위치는 물론이고 주변 환경과 월세까지 흠 잡을 곳이 없는 완벽한 집이었다. 만족스러운 마음으로 가계약을 하고 집으로 돌아왔다. 현관에서 문을 여는데, 서늘한 느낌이 목 뒤를 스쳤다. 스산하면서도 불길한 예감. 집 안에 인기척이 없었다. 애초에 사람이 많이 방문하는 집은 아니었지만, 황량하다고 해도 무방할 만큼, 집 안이 휑했다. 성만이의 짐이 없었다. 자기 기분이 내키면 며칠 동안 다른 곳에서 자고 오는 일이 허다했던 녀석이었기에 평상시라면 아무렇지 않게 넘겼을 일이지만, 집안의 분위기가 이전과 확연히 달랐다. 게다가 녀석은 자기 짐을 이렇게 깔끔하게 정리하는 스타일이 아니었다. 재빨리 내 방으로 가서 이불을 들춰보고 장판 밑을 뒤졌다.

'없다. 없어! 이불을 착각했나?'

벌떡 일어나 장롱 속에 있는 모든 이불을 뒤집었다. 혹시나 해서 성만이의 방까지 뒤져보았지만, 이불이고 옷가지고 아무것도 남아있는 게 없었다. 직장 생활을 하느라 은행을 갈 시간이 없었던 나는 그때까지 받은 월급을 이불 밑이나 장판 밑에 차곡차곡 모아놓았었다. 나 말고도 그렇게 하는 직원들이 많았기에 그때까지는 그 일이 왜 잘못되었는지도 몰랐다. 항상 잠이 들 때마다 따끈따끈한 온기를 느끼며 확인했던 나의 돈들이 만져지지 않았다.

나는 그 자리에 털썩 주저앉아 버렸다. 1년이 넘게 고생하며 모아놓은 목돈이 한순간에 사라졌다. 사라진 건 돈이었지만, 내게는 단순한 돈이 아니었다. 그동안의 일들이 주마등처럼 스쳐 지나갔다. 삼성전자에 입사해 얻은 첫 소득, 직장에서 인정받은 순간, 동료들과 농담을 하며 하루의 노고를 위로하던 순간까지. 1년의 시간이 송두리째 사라져 버린 것 같은 느낌이었다.

허탈한 마음으로 직장에 나갔지만, 성만이의 흔적은 찾을 수 없었다. 내가 집에서 나간다고 말한 날, 녀석은 사직서를 제출했고, 그 길로 출근도 하지 않았다. 울분을 참고 일을 하려 해도 견디기가 힘들었다. 삼성전자에서 일할 때마다 성만이의 얼굴과 잃어버린 돈이 떠올랐다. 나는 어쩔 수 없이 사직서를 제출하고 짐을 챙겼다. 월세를 낼 돈도 없어서 원룸에 더 머무를 수가 없었다. 수원 길바닥에 짐을 들고 처연하게 주저앉았다. 차가운 아스팔트의 느낌이 매섭게 심장을 옥죄는 기분이었다.

'안돼. 고작 이 꼴을 보자고 고향을 떠나온 게 아니다. 죽이 되든 밥이 되든 서울로 가보자. 서울에서는 뭔가 새로운 일이 있겠지.'

나는 어려운 일이 닥쳐도 당장은 힘들지만, 금방 이겨내는 회복력이 있는 사람이다. 앉아서 신세 한탄을 한다고 해서 문제가 해결되는 게 아니기에 조금이라도 빨리 움직여서 상황을 나아지게 하려고 노력하는 습관이 나는 어려서부터 있었다. 그렇게 서울 성수동으로 향했다. 성수동에도 공장은 많았다. 돈이 한 푼도 없었기에 낯선 힘든 일을 가릴 처지가 아니어서 숙식이 제공되는 일이면 가리지 않고 면접을 봤다.

다행히 금방 합격해 천을 염색하는 나염 공장에 들어가게 되었다. 긴 천을 기계에다 넣고 빨아서 물감 물을 들이는 일이었다. 가벼운 천이지만, 보통 나염을 하는 데 사용하는 천들은 엄청나게 대용량이었기에 품이 많이 들고 힘을 많이 써야 하는 일이었다. 숙식도 제공이라고 쓰여 있었지만, 커다란 창고 같은 방에 20명의 남자가 다닥다닥 붙어서 쪽잠을 자는, 닭장같은 방이었다.

하루 종일 무거운 천을 옮기고 기계에 넣으며 땀을 흠뻑 흘린 뒤에 밤에 기숙사에 들어가 새우잠을 잤다. 좁은 방에서 수많은 사람들이 끼여서 잠을 자니, 숙면을 취하기가 힘들었다. 상황은 날이 갈수록 안 좋아졌다. 일이 힘든 것도 문제였지만, 더 큰 문제는 화학약품이었다. 염색에 사용하는 화학약품에 계속 노출되니 피부에 발진이 생기고, 기침도 많아졌다. 이렇게 살다가는 돈을 벌기 전에 건강이 먼저 망가질 것 같았다.

3개월을 일하고 다른 일을 구하기 시작했다. 공장이 쉬는 일요일마다 성수동 인근을 돌아다니며 일자리를 구했다. 일자리 자체는 많았지만, 입맛에 맞는 게 없었다. 그러다 작은 전자회사에서 면접을 오라고 연락이 왔다. 뭐하는 회사인지도 모르고 무작정 찾아갔다. 인사 담당자는 나를 힐끗 바라보더니 고개를 끄덕거렸다.

"우리 회사가 사람이 많지는 않은데, 일은 많아요. 형광등에 들어가는 초크라고 있어요. 그걸 만들고 있는데, 용접만 하면 됩니다. 여자들도 할 수 있을 정도로 어렵지는 않으니까, 박광석 씨도 금방 할 수 있을 겁니다."
"혹시, 숙식은 제공이 되나요?"
"아뇨. 규모가 작아서 기숙사는 없습니다. 공장 근처에 하숙집도 많고 민박도 많으니까 알아보고 오세요."

담당자 말대로 공장 주변에는 하숙집이 많았다. 성만이에게 크게 데여서인지 최대한 사람이 없는 곳을 찾았다. 작은 한옥집에서 하숙을 같이 한다고 해서 곧장 들어갔다. 사람이 없어서 한적

하다는 점도 마음에 들었다. 회사는 힘들지 않았다. 인사 담당자가 말한데로 긴 라인 하나가 있고, 그 라인에 빙 둘러 앉아서 전자부품을 조립하고 용접을 하는 일이었다. 워낙 쉬운 일이라 여자들도 제법 있었는데, 청춘 남녀가 한 공간에 붙어 있으니, 정분이 나고 사귀는 이들도 많았다. 부끄럽지만 나 역시 그런 사람 가운데 하나였다.

반년 정도 일했을 때였다. 평소 잔병치레를 거의 하지 않는 나였지만, 그날따라 몸에 오한이 오고 열이 올라 도저히 일을 할 수가 없었다. 아침까지만 해도 견딜만 해서 출근을 했는데, 자리에 앉아 일을 시작하자 하늘이 빙빙 돌고 열이 펄펄 끓었다. 금방이라도 옆으로 쓰러질 것만 같은 몸을 간신히 추스르고 어찌저찌 오전 일을 끝냈다. 이대로 계속 일을 하다가는 큰일 나겠다 싶어 작업반장에게 양해를 구하고 점심도 굶은 채, 감기약을 먹고 숙직실에 누워 있었다. 땀을 비 오듯이 흘리면서 얇은 이불로 몸을 감싸고 덜덜 떨고 있을 때였다. 문이 열리고 누군가가 숙직실 안으로 들어섰다. 기분 좋은 향기가 코를 감쌌다. 꿉꿉한 남정네들의 냄새가 아니었다.

"여기, 죽 좀 끓여왔어요. 먹고 기운 좀 차려요."

같은 공장에서 일하는 아가씨였다. 평소 지나다니면서 가볍게 인사만 하던 사이였는데, 어쩐 일인지 나를 위해 죽을 끓여 온 것이었다. 몸이 아파 비몽사몽인 와중이었기에 제대로 답변도 하지 못하고 끙끙거리는 나를 보고 아가씨는 직접 죽을 떠먹여 주기까지 했다. 내 인생에서 가장 맛있고 인상적인 죽이었다. 따스한 죽이 몸을 덥히자, 거짓말처럼 하루 만에 몸이 괜찮아졌다. 다음 날, 나는 출근하자마자 여자에게 다가갔다.

"어제 고마웠습니다. 답례로 오늘 저녁은 내가 살 테니, 퇴근하고 나와요."

수수한 여자였다. 부끄러움이 많고 청순한 스타일이었지만, 가족을 위해 공장에 나와 일을 하는 생활력을 갖추고 있었고 생각한 바는 바로바로 실천에 옮기는 실행력도 남달랐다. 그날 이후, 여자와 나는 자연스레 데이트하면서 정이 들었다. 그 여자가 바로 지금의 아내다. 나는 지금도 아내가 그때 왜 내게 죽을 건넸는지, 나를 왜 마음에 들어 했는지 알지 못한다. 아내와 나는 같은 공장에서 일을 하면서 하루를 함께 했고, 쉬는 날이면 데이트도 많이 나갔다. 그렇게 1년을 보냈다. 내 인생에서 가장 애틋하고 사랑이 넘치던 시기였다. 하지만 좋은 시절은 금방 지나가는 법. 당시 내 나이가 20대 초반. 군대를 가야 하는 나이였다. 평소처럼 일을 하고 하숙집에 돌아온 나는 우편함에 꽂혀 있는 영장을 발견했다. 당장 그 공장에서 평생을 지낼 것도 아니고, 군대를 피할 방법도 없으니, 일단은 군대를 다녀와서 미래를 생각해 보자는 생각을 했다. 유일하게 걸리는 건 아내였다. 만난 지 1년 남짓, 가장 불같은 사랑을 할 때인데 군대를 가는 나를 이해해 줄 수 있을까. 하지만 그녀는 내 생각보다 훨씬 담대하고 통이 컸다.

"몸 건강히만 다녀와요. 면회 자주 갈게요."

아내의 마음을 떠보기 위해 거짓말을 한 것도 이맘때였다. 군대를 가는 남자들의 마음이 모두 그렇듯, 그 오랜 시간을 이 여자가 나를 기다릴 수 있을까, 기다린다면 나는 이 여자를 책임져야 하는데, 과연 내게 그만한 자격이 있을까, 하는 철없는 고민들을 하고 있었다. 연애를 하면서 지켜본 아내는 충분히 믿을만한 여인이었지만, 나는 좀 더 확실하고 명확한 증거가 필요했다. 그래서 거짓말을 했다.

"내가 할 말이 있는데...사실, 우리집 많이 가난해. 시골에서 농사짓고 살고 있는데, 다 쓰러져 가는 집이고 동생들이랑 부모님 먹고 살기도 빠듯하거든. 그래서 아마 결혼을 하더라도 뭘 지원해 주거나 하진 못하실 거야. 그래도 괜찮겠어?"

이미 1년 넘게 사귀었기에 서서히 결혼 이야기가 오가던 시점이었다. 나 역시 결혼할 마음은 있었지만, 아내에게도 그런 마음이 있는지 의문이라 마음을 떠보기 위해 거짓말을 했다. 본가가 시골에서 농사를 짓는 건 사실이지만, 그렇게까지 힘든 편은 아니었다. 아버지가 워낙 부지런하신 데다가 다른 데 한 눈 파는 분이 아니라서 부자라고 할 수는 없지만, 그렇다고 먹고 살기가 힘들 정도로 가난한 편은 아니었다. 하지만 그건 어디까지나 부모님의 이야기다. 당장 나는 미래가 불투명한 이제 막 군대를 가는 20대 초중반의 청년에 불과했다. 내게 동전 한 닢 없어도, 오직 나를 믿고 함께 이 험난한 인생의 길을 헤쳐 나갈 수 있는 여인인가. 그것이 중요했다.

"뭐 돈이 중요한가요. 돈이야 둘이 같이 벌면 그만이지. 나는 반지하에서 시작해도 상관없어요."

아내의 그 말이 퍽 고마웠다. 그날 이후로 아내를 향한 내 마음은 더욱 커졌다. 첫 눈이 내리는 날에는 남산에 올라 함께 손을 맞잡고 도심의 야경을 구경했다. 지금도 그때의 설렘과 기쁨, 행복이 내 영혼에 고스란히 박혀있다. 어두운 밤하늘을 수놓으며 내려오는 하얀 눈송이. 그 사이로 수줍게 웃고 있는 아내의 얼굴과 맞잡은 손에서 느껴지는 은은한 온기. 그 감정이 너무 새롭고 기분 좋아 매일 같이 아내와 밤거리를 걸었다. 같은 직장을 다니고 있었기에 퇴근하고 나면 아내와 함께 남산까지 버스를 타고 갔다가 성수동에 있는 뚝섬까지 손을 잡고 걸어가는 게 일상이 되었다. 거의 10km 정도 되는 거리를 매일 2~3시간씩 아내와 걸어 다녔다. 시간이 여의치 않으면 뚝섬 유원지를 몇 바퀴 거닐었다. 강가에 비친 도심의 야경을 바라보며 아내와 실없는 농담을 주고받기도 했고, 핑크빛 미래를 꿈꾸기도 했다. 매일 보는 얼굴이고, 매일 만나는 사람인데도 볼 때마다 심장이 터질 것처럼 떨려왔다. 그때는 아내와의 산책이 하루를 버텨내는 버팀목이었다.

시골 본가에 인사를 가기도 했다. 아직 결혼 이야기가 구체적으로 나온 건 아니지만, 마음 속으로는 이미 이 사람과 평생을 함께하고 싶다는 생각을 하고 있었기에 부모님에게 아내를 꼭 소개해 주고 싶었다. 오토바이 뒤에 아내를 태우고 열심히 시골집으로 향했다. 워낙 좁은 동네라 사람들 눈에 보이지 않도록 뒷길을 따라 집으로 향했다. 지금이야 젊은 청춘 남녀가 얼마든지 사랑하고 헤어지고 하지만, 그때는 손만 잡아도 결혼해야 한다는 인식이 지배적이었기에 최대한 조심스럽게 집으로 향했다.

"아이고, 곱네 고와. 그래. 반가워요. 우리 광석이 잘 부탁해요. 이 녀석이 고집이 좀 세서. 그래도 책임감도 있고, 머리는 좋아요. 자자, 일단 맛있게 먹고, 푹 쉬다 가요."

아내를 처음 본 어머니는 만면에 웃음을 띠고 있었다. 아버지 역시 별 말은 안했지만, 싫은 눈치는 아니었다. 만족스러운 인사를 마치고 다시 직장으로 돌아왔다. 몇 개월의 꿈같은 시간이 지나고, 마침내 군대를 가야 할 시간이 코 앞으로 다가왔다. 직장에서 인연을 맺은 지인들과 송별회를 하고, 아내와도 애틋한 시간을 보냈다. 모든 정리를 마치고 그 길로 사직서를 내고 집으로 향했다. 내게 남은 시간은 일주일. 일주일 동안은 오랜만에 고향 집에 내려가 편히 쉬다가 입대할 생각이었다. 고등학교를 졸업하고 도망치듯 집을 빠져나왔지만, 사회에서 힘든 시간을 보내면서 부모님의 마음도 어느 정도 이해할 수 있었다. 당장 하루 벌어 하루 먹고 살기 바쁜 와중에, 이제 막 일을 제대로 하게 된 장남이 대학을 보내달라고 하니, 얼마나 황당했을까. 거기다 장남이 그토록 원하는 대학을 끝내 허락하지 못했던 부모님의 마음은 또 얼마나 아팠을까. 직장 생활을 하면서 이미 마음의 응어리는 눈 녹듯이 사라지고 없었기에 집으로 향하는 걸음이 그리 무겁지는 않았다. 게다가 그동안 몇 차례 동생들이나 부모님과 전화 통화도 했었기에 어색함은 거의 없었다.

"그래. 고생했다. 저기 할머니 방에서 쉬다가 가라."

목석이 한 수 양보해야 할 정도로 무뚝뚝한 아버지는 몇 년 만에 집에 돌아온 아들의 어깨를 두드리며 고개를 끄덕였다. 타지에서 홀로 고생하며 살아온 아들의 귀향을 반기는 그 나름의 표현이었다. 일주일 동안 나는 할 일 없이 할머니 방에서 누워만 있었다. 동네 친구들을 만나 술판을 벌이기에는 마음이 너무 싱숭생숭했고 가족들과 시간을 보내기에는 내 성정이 그리 살갑지 않았다. 가만히 누워서 천장을 바라보거나, 동네 산책을 나가는 것 외에는 할 일이 없었다. 그날도 평소와 다를 바 없이 방에 누워 천장을 바라보고 있었다. 천장에 있는 벽지 무늬를 따라가며 이런저런 생각에 잠겨있는데, 아련한 목소리가 들려왔다.

"광석이."

아직도 그 순간의 기억이 내게는 사진처럼 선명하게 남아 있다. 반쯤 눈을 감은 내 귀에 들리는 목소리. 처음에는 할머니 방이라서 당연히 할머니 환청이 들리는 줄 알았다. 내 기억 속 할머니는 장남인 나를 엄청나게 예뻐하셨으니까. 하지만 내가 아는 할머니 목소리는 포근하고 따뜻했지, 이렇게 성스럽고 웅장하지 않았다. 어렴풋이 빛이 반사되는 천장을 바라보는데, 누군가가 내 이름을 세 번 연달아 불렀다. 말을 건네는 게 아니라 머릿 속에 직접 메시지를 전달하는 것처럼 온몸과 영혼 전체가 울리는 목소리였다. 신기하게도 나는 그 목소리를 듣는 순간, 이 목소리가 하느님의 음성이라는 걸 깨달았다.

"광석아, 광석아, 광석아"

목소리를 들은 나는 벌떡 일어나 그대로 교회로 뛰어 들어갔다. 시골 깡촌인 우리 동네에는 작은 교회 하나가 있었다. 이미 밤이 늦어 길가에 가로등은 모두 꺼져 있었고, 교회에도 불이 꺼져 있어서 적막했다. 어두운 밤길을 달려가면서 기이한 기분을 느꼈다. 뭐랄까. 내가 육신의 제약을 벗어나는 기분이랄까. 지금도 제대로 설명하기 힘든 독특한 감정이었다.

나도 모르게 자꾸만 울컥하며 눈물이 흘러내릴 것만 같았다. 억지로 울음을 참으며 교회에 도착했다. 사람은 없었지만, 시골 인심이 으레 그렇듯이 교회 문은 열려 있었다. 커다란 교회 문을 열고 안으로 들어가자, 십자가에 매달린 예수님의 모습이 보였다. 그 자리에 그대로 주저앉아 눈을 감고 30분 동안 기도를 올렸다. 무슨 내용인지도 기억이 나지 않는다. 그냥 왠지 그래야만 할 것 같았다. 오늘의 내가 있음을, 그리고 미래의 내가 무사하기를 바라는, 그런 내용의 기도였던 것 같다. 목사이셨던 작은 아버님의 목소리도 어렴풋이 들렸다.

"야, 너희 어머니 아버지가 절실한 불교 신자니까. 너만이라도 교회를 다녀야 한다. 그래야 믿음을 키우지."

작은 아버지는 나를 볼 때마다 그 얘기를 하셨었다. 부모님이 절실한 불교 신자이신 건 맞지만, 종교를 강요하는 분들은 아니었기에 나와 동생들은 절도 가고, 교회도 종종 다니곤 했었다. 작은 아버지를 보러 갈 때마다 교회를 방문하기는 했지만, 한 번도 신앙이 충만하거나 믿음을 느껴본 적은 없었다. 그런데 그날만큼은 내 안에 충만한 무언가가 가득 찬다는 느낌을 받았다. 지금 생각해 보면 군대라는 험난한 곳으로 떠나기 전, 내게 주어진 마지막 은총 아니었을까.

폭력과 욕설이
난무했던 군 시절

1월 26일. 매서운 칼바람이 몰아치는 한겨울에 입대를 했다. 지금도 생각나는 게 그때는 눈이 내리면 무릎까지 올라올 정도로 폭설이 자주 내렸다. 배수로가 제대로 정비되어 있지 않아서인지, 아니면 기후가 달랐기 때문인지는 모르겠지만, 동네 선배들이나 군대를 먼저 다녀온 친구들은 항상 눈이 허리춤까지 쌓인다며 각종 보호대를 챙겨가야 한다고 강조했었다.

"광석아, 진짜 내가 꿀팁 알려주는 거야. 겨울에 군대 가잖아? 눈밭을 굴러야 해. 근데 제일 아픈 데가 어디냐! 여기. 무릎이랑 팔꿈치거든. 그래서! 브래지어를 챙겨가야 한다 이 말이야."

"브래지어? 여자 속옷? 미쳤냐?"

"아니, 진짜라니까? 브래지어에 그 도톰한 부분 있잖아. 그걸 무릎이랑 팔꿈치에 대면 아픔이 좀 덜해. 아예 잘라서 가져가는 놈도 있었어."

　친구들이 열심히 추천했지만, 도저히 그렇게까지는 할 수가 없어서 나는 돈만 조금 챙겨서 들어갔다. 돈을 챙기는 것도 아주 우습고 고생스러웠다. 지금이야 상상도 하지 못할 일이지만, 당시에는 사회에서 가져온 건 그게 뭐든 간에 모두 그대로 돌려보냈다. 돈도 마찬가지. 현금을 가져온 녀석들은 물론이고 사회에서 산 샴푸, 치약, 비누 등 사회 물이 조금이라도 든 물건은 바로 반송이었다. 하지만 20대 초반에 한창 멋내기 좋아하는 젊은 청년들의 의지는 대단했다. 치약 뒷부분을 잘라서 돈을 가져온 녀석도 있었고, 양말에 숨겨온 녀석도 있었다. 아예 술을 챙겨왔다가 얼차려 받은 정신 나간 친구도 있었다. 나는 친구의 조언대로 치약 뒷부분을 자르고 그 안에 3만 원을 비닐로 꽁꽁 싸서 넣어 가지고 갔다. 대망의 훈련소 입소 날. 금방이라도 칼이 날아올 것 같은 날 선 분위기에서 조교가 말했다.

　"사제 물건은 군대에서 사용할 수 없다. 체계적이고 효율적인 훈련을 위해 지금부터 이틀 동안, 사제 물건을 하나도 남김없이 반출한다. 이틀 후에 사제 물건이 적발될 시, 어떻게 될지는. 너희들 상상에 맡기겠다. 알겠나!"
　"네!"

내 생각보다 군대는 더욱 매몰찼고 무서웠다. 눈에서 살기가 뿜어져 나올 것 같은 기세의 조교가 으름장을 놓고, 옆에서 다른 훈련병이 사제 물건을 꺼내놓자, 분위기가 일변했다. 처음에는 어떻게든 사제 물건을 숨기려 했던 녀석들이 눈치를 보면서 물건을 꺼내기 시작했다. 개중에는 친구의 말처럼 진짜로 브래지어를 들고 온 녀석도 있었다. 나도 한참을 고민했다.

'돈 없으면 자대 가서 엄청 고생한다고 했는데. 어쩌지. 어라? 저 자식, 나랑 똑같은 데다가 숨겼네? 그걸 보여주면 어떻게 하니! 아오.'

옆에서 다른 훈련병이 내가 숨긴 것처럼 치약 모퉁이에서 돈을 꺼냈다. 슬쩍 눈치를 보던 나는 화장실을 간다고 하고 치약을 들고 화장실로 향했다. 이렇게 된 거, 끝까지 버텨볼 생각이었다. 하지만 버티려면 치약으로는 힘들었다. 나는 화장실에 앉아 한참을 고민하다가 팬티를 벗었다. 마지막에 친구가 했던 말이 떠올랐기 때문이다.

"마지막에는 팬티만 남기고 싹 다 벗겨서 검사를 해. 특히 사제 물건은 실이랑 바늘까지 싹 다 돌려보낸다니까. 보안 때문이라나 어쩐다나. 암튼. 그래도 돈은 꼭 있어야 해. 힘겨운 군 생활에서 PX 가는 행복도 없으면 어떻게 버티냐."

"싹 다 벗긴다며. 그런데 어떻게 숨겨."
"말했잖아. 팬티는 남겨놓는다니까."

친구의 말을 떠올리며 나는 돈뭉치를 팬티 허리춤에 둘둘 말아 아예 꿰매놓았다. 야심차게 숨겨놓았지만, 여전히 불안감은 가시질 않았다. 그날 저녁에는 친구 말대로 팬티만 남겨놓고 옷을 싹 다 벗겨서 사제 물건을 검사했다. 부적절한 물건을 가지고 들어온 몇몇 녀석은 아예 밖으로 끌려 나가 얼차려를 받기도 했다. 무사히 검문을 지나쳤지만, 같은 팬티를 몇 날 며칠 동안 입고 있을 수는 없는 노릇이었다. 팬티를 갈아입다가 걸리면 그것만큼 망신스러운 일도 없었다. 어쩔 수 없이 마지막 날에는 팬티에서 돈뭉치를 꺼내 관물대 밑에다가 숨겨두었다. 직접 손을 뻗어 이리저리 더듬어야만 확인할 수 있는 기똥찬 공간이었다. 다행히 내 돈은 끝까지 걸리지 않았기에 마지막 날에는 훈련소에서 친해진 녀석들과 PX에서 조촐하게 파티를 즐길 수 있었다.

도무지 끝나지 않을 것 같았던 훈련소 생활은 생각보다 빠르게 지나갔다. 훈련소가 끝나고 내가 배치받은 곳은 후방인 양평에 있는 20사단이었다. 2019년에 해체된 부대로 정식 명칭은 제20기계화보병사단이다. 최전방에 있었던 부대인데, 6·25 전쟁 때 깃발을 빼앗기면서 양평으로 후퇴해 자리를 잡은 부대라고 했다. 내가 받은 보직은 통신병이었다. 커다란 무선장비를 들쳐 업고 훈련지역을 돌아다니는 게 통신병의 주특기였다. 주특기 자체는 그리 힘들지 않았지만, 군기가 센 게 너무 힘들었다. 왜 그런지는 모르겠지만, 통신병은 당시 부대 안에서도 군기가 세기로 유명했다. 아무런 이유도 없이 줄빠따를 맞는 건 일상이었고, 고참의 기분에 따라서 온갖 부조리를 경험하기도 했다.

아직도 뇌리에서 잊혀지지 않는 부조리는 목전주를 타는 일이었다. 목전주는 이름 그대로 나무로 만든 커다란 전봇대였다. 통신병들은 언제 어디서든 통신선을 연결해야 하기 때문에 통신선을 신속하게 연결하는 연습을 해야 한다. 목전주는 그 연습을 위한 도구로 통신병의 주요 훈련 코스 중 하나였다. 그래서 평소에 커다란 목전주를 세우고 그 위에 올라가 선을 연결하는 연습을 하는데, 이게 부조리에 활용되고는 했다. 일반적인 군화로는 자꾸 미끄러져서 목전주를 탈 수가 없다. 그래서 구두 밑에 날카로운 송곳이 박혀있는 특별 제작된 신발을 신고 나무를 찍어가면서 위로 올라가야 한다. 문제는 이 신발을 제대로 찍으면 수월하게 올라갈 수 있는데, 각도가 조금이라도 빗나가거나, 송곳이 제대로 박히지 않은 상태에서 체중을 실으면 그대로 미끄러지면서 목전주에 배와 가슴이 다 쓸리면서 떨어지게 된다. 연습은 주로 목전주로 했지만, 간혹, 커다란 나무를 상대로 연습을 시키는 고참들도 있었다. 나는 이 연습을 생일 때마다 해야 했다.

"오늘 광석이 생일이냐? 그럼 목전주 한 번 타야지."
"오늘 광석이 기분 좋아? 그럼 목전주나 한 번 타자."
"뭐야. 표정이 썩었네? 목전주 타고 싶어? 그럼 태워줘야지."

고참들은 연습이라는 핑계를 대고 목전주를 하루가 멀다 하고 태웠다. 한 번 두 번이야 힘이 있으니 실수하지 않고 잘 탈 수 있지만, 목전주를 하루에 두어 번 타면 팔뚝에 힘이 없어 더 이상 오르지를 못했다. 그런데도 고참들은 꾸역꾸역 나만 보면 그 연습을 시켰다. 그렇게 몇 차례 목전주를 타다가 하루는 꼭대기 부근에서 팔에 힘이 빠져버리고 말았다. 그대로 미끄러져 땅으로 주욱 떨어졌는데, 배 여기저기에 가시가 박혀 있었다. 가슴은 쓸려서 피가 배어 나왔고, 배에는 박힌 가시가 쿡쿡 찔러 너무 아팠다. 아파 죽겠는데도 고참들은 그 가시가 생일 선물이라며 박수를 치고 즐거워했다. 지금도 그때 악마처럼 비웃는 고참의 얼굴을 잊지 못한다.

목전주 외에도 부조리는 너무 많았다. 취침 시간이 되면 부대 개구멍으로 나가서 술 먹고 들어오는 고참도 있었고, 술 취해서 후임들을 줄 세워놓고 화풀이 하는 녀석들도 있었다. 부조리가 일상이 된 부대라서 간부들도 묵인하는 추세였고, 아예 대놓고 따귀를 날리기도 했다. 계급이 높아도 소용이 없었다. 실제로 상병 선임이 상병 후임을 개머리판으로 때리다가 칼부림이 난 적도 있었다. 통신병만의 부조리도 많았다. 방사통이라고 전깃줄을 감아서 메고 다니는 30kg짜리 커다란 통이 있는데, 그걸 이용해 사람을 때리는 놈들이 많았다. 그중에서 최고는 방자축을 돌리는 쇠몽둥이였다. 1m짜리 단단한 쇠로 만든 몽둥이였는데, 그걸로 엉덩이나 허벅지를 맞으면 누구든지 그대로 쭉 뻗어버린다. 맞고 나서 제대로 서지 못해 기어가는 모습을 보면서 또 고참들은 그렇게 즐거워했었다.

고참들은 왜 그렇게 우리를 때리지 못해 안달이었을까. 지금 생각해도 이유를 모르겠다. 구타에는 이유가 없었다. 일례로 한 번은 저녁을 먹고 오는 길이었다. 5개월 고참이 앞에서 지나가길래 큰 소리로 경례를 했다. 평범한 인사였고, 군대에서는 하루에도 몇 차례나 있는 흔한 인사였다. 그러자, 그 고참이 별안간 인상을 찌푸리더니 나를 끌고 건물 뒤로 향했다. 영문도 모른 채 끌려간 막무가내로 욕을 하는 고참에게 엄청나게 구타를 당했다. 맞으면서 크게 숨을 들이쉬자, 술 냄새가 났다. 술에 취해서 그냥 눈에 보이는 사람을 때린 것이었다. 고참은 머리통만 한 짱돌 하나를 집어 들더니, 그걸로 내 가슴팍을 계속 쳐댔다. 나중에는 허리춤에 숨겨둔 나폴레옹 양주를 꺼내 때릴 때마다 한 모금씩 들이켰다. 마치 내가 안주가 된 기분이었다.

"이 새끼야, 움직여? 어? 이게 어디서!"

"크, 맛 좋다. 안주 먹어야지. 자 이리 와. 대."

부동자세로 서 있으면 술 한 잔 마시고 짱돌로 가슴팍을 후려갈기며 욕지거리를 날리고, 다시 술을 마시고 또 짱돌을 휘두르고. 무한 반복이었다. 그렇게 3시간을 내리 맞았다. 중간에 너무 아파서 그냥 들이받을까도 고민했지만, 나도 오기가 생겨 끝까지 버텼다. 그런 일이 너무 많았다. 인사 했다고 때리고 본인이 기분 나쁘다고 때리고, 심지어 자기가 기분 좋다고 때리기도 했다. 정말 지옥같은 3년이었다. 화장실에서 울기도 많이 울었고, 울화가 치밀어 고참을 때리는 상상도 많이 했다. 나뿐만이 아니었다. 대부분의 통신병이 그런 일을 겪고 있었고, 실제로 견디지 못하고 고참과 드잡이질을 한 동기나 후임들도 많았다.

내가 그래도 힘겨운 군 생활을 버티고 이겨낼 수 있었던 원동력은 꾸준히 면회를 와주는 아내와 신앙 덕분이었다. 3년의 긴 군생활이었지만, 아내는 시간이 있을 때마다 면회를 와서 나와 시간을 보내고 갔다. 다만, 아내나 부모님들은 매번 일요일에만 면회를 와서 나는 3년 동안 외박 한 번을 끝내 나가지 못했다. 그거 하나는 지금도 아쉽다. 반대로 자랑스러운 경험도 많았다. 대표적인 게 군종 사병 경험이었다. 입대를 하기 전에 부르심을 받고 기도를 하며 신앙이 충만해진 나는 입대하고 나서 종교행사 시간에 빼지 않고 꼭 교회를 방문했다. 매번 교회 행사에 빠지지 않고 참석하니까 당시 소령이었던 군종 목사님이 나를 군종 사병으로 임명해 주었다. 종교행사에 참석할 때마다 병사들을 인솔해서 교회까지 왔다 가는 명예로운 식책이었다. 이등병 시절부터 특별한 일이 없으면 주말마다 꼭 교회를 방문하며 신앙을 일깨웠다. 아마, 그때 교회가 없었으면 나는 정신적으로 무너져 버렸을지도 모른다. 목사님은 그런 나를 기특하게 여기며 일병 때 표창을 주시기도 했다. 그 표창은 지금도 내 가장 큰 자랑거리 중 하나로 남아있다.

전역 그리고 결혼

지옥같은 군 생활을 뒤로하고 사회로 나왔다. 그토록 바라던 전역이었지만, 막상 전역을 하고 나니, 앞으로 살아갈 길이 막막했다. 변변한 기술은 없고 나이는 들어가는데, 책임질 입은 하나 둘 늘어나고 있었다. 당장 집에는 동생들이 넷이나 있었고, 군 생활 3년을 기다려 준 여인과도 슬슬 미래를 생각해야 했다. 하지만 그렇다고 아버지처럼 농사만 짓고 살기는 싫었다. 그때 내 나이가 이제 20대 중반, 할 것도 많고 하고 싶은 것도 많은 나이였다. 평소처럼 일자리를 찾아 무작정 이천 시내를 돌아다녔다. 다행히 아직도 일자리는 많았다. 여러 공장을 돌아다니다가 새롭게 공장 하나가 들어선다는 걸 알게 되었다. 커다란 진로 공장 바로 옆에 있는 위스키와 양주를 만드는 공장이었다.

"여기 사람 뽑아요?"

"아, 예. 원래 서울에 있던 공장인데, 이쪽으로 막 이사 와서 사람이 좀 모자라요. 어떻게, 일하시려고?"

"예. 뭐. 일을 하긴 해야 하는데. 괜찮으려나?"

"아무렴요. 저희는 위스키, 양주 만드는 공장입니다. 이제 막 만들어지는 공장이라 할 일도 많고 월급도 좋아. 일단 몇 달만 일해 봐요."

한겨울이었다. 어영부영 입사를 한 회사는 정말 작은 소규모 공장이었지만, 일은 많았다. 처음 말한 대로 위스키와 양주를 만드는 게 주된 일이었는데, 조금이라도 품질이 나쁘거나 다른 게 섞이면 직원들끼리 먹어버리거나, 버렸다. 처음에는 버리기 아까워 조금씩 홀짝거렸지만, 사람들과 친해지고 공장이 돌아가는 시스템을 알게 되자, 거리낄 것 없이 하루가 멀다하고 술을 마셨다. 술값을 걱정할 필요가 없으니, 조금만 짬이 나면 술을 물처럼 들이부었다. 나는 창설 멤버라 직원들과도 금방 친해졌고, 남들은 쉽게 먹지 못하는 양주가 주변에 가득하니, 시시때때로 술을 마시는 하루하루가 이어졌다. 점심시간에 동기들과 물 대신 양주로 건배하기도 했고, 조그만 컵에 양주를 떠다 놓고 홀짝거리며 몸을 덥히기도 했다.

추운 겨울이었다. 매서운 동장군이 찾아와 칼날같은 겨울바람이 시리게 불어오는 날. 눈이 무릎까지 차오를 정도로 폭설이 내려 다들 귀가를 걱정하던 참이었다. 그날은 유난히 낮부터 다들 술도 마시지 않고 차분히 근무를 하고 있었다. 퇴근시간이 가까워 오자, 밖에 내리는 폭설이 더욱 거세져서 밖으로 나가기가 무서울 지경이 되었다. 창 밖을 힐끗 살펴본 동기 한 명이 나와 눈이 마주쳤다.

"야, 광석아. 눈도 오는데, 우리 그냥 사무실에서 술이나 마시고 갈까? 너무 추워서 집에 갈 엄두가 안 난다."
"그래. 오랜만에 제대로 한 잔 적셔보자. 눈 올 때는 양주지."

나는 대답도 하지 않았는데, 주변에 있던 동기들이 모두 모여 금세 술자리가 만들어졌다. 어차피 집에 가도 할 일이 없었기에 나 역시 함께 했다. 700ml짜리 커다란 양주 하나를 집어 들고 사무실에 둘러앉았다. 버너를 켜고 사무실에 있는 꽁치 통조림과 냉장고 안에 있던 김치를 넣고 보글보글 열심히 끓였다. 한 잔, 두 잔. 밖에는 서늘한 바람이 불고 안에서는 뜨끈한 꽁치 김치찌개가 김을 내뿜고 있었다. 주변에는 마음 편한 동기들뿐이고 앞에는 비싸서 살 엄두도 내지 못하는 양주가 병째 놓여 있었다. 나도 모르게 그날은 술이 꿀떡꿀떡 들어갔다. 나뿐만 아니라 다른 동기들도 마찬가지였다. 유난히 달게 느껴지는 양주를 끝도 없이 마셨다. 한 병, 두 병... 5명이 700ml짜리 양주 6병을 마셨다. 해가 서쪽으로 넘어가는 6시에 퇴근하자마자 시작된 술자리는 밤 1시가 다 되어서야 끝이 났다.

"끄윽. 취한다. 야, 이제 가자."
"어... 그래. 가야지. 가야지. 헤헤."

다들 얼큰하게 취해서 비틀거리며 사무실을 나섰다. 다행히 폭설은 멈췄지만, 시린 겨울바람은 그대로였다. 눈도 무릎까지 차오를 정도로 많이 쌓여 있었다. 그래도 내가 제일 정신이 말짱해서 동기들을 모두 내보내고 사무실 문을 잠궜다. 그리고 뒤돌아섰는데, 이게 웬걸, 동기들의 모습이 전혀 보이지 않았다. 세상이 빙글빙글 돌며 흔들리는 와중에도 나는 간신히 균형을 잡으며 땅에 나 있는 발자국을 따라갔다. 발자국이라고 표현하기도 민망할 정도로 흐트러진 흔적은 사무실 정면으로 이어져 있었다. 외진 곳에 있는 우리 공장은 사무실에서 10m 정도만 앞으로 나아가면 5m 높이의 작은 낭떠러지가 있었다. 시리도록 차가운 눈을 헤치며 앞으로 나아가자 낭떠러지 아래로 떨어진 동기들의 모습이 보였다.

"하하하! 이 멍청이들. 아무리 취했다고 해도, 끄윽. 여길 떨어지냐. 에잉."

맨바닥에 떨어졌다면 크게 다쳤을 테지만, 다행히 눈이 많이 와서 녀석들은 크게 다치지 않았다. 눈이 추락의 충격을 흡수해 준 덕이었다. 나는 마구 뒤엉켜서 여전히 정신 못 차리는 녀석들을 한껏 비웃어주고는 그대로 길을 나섰다. 공장에서 우리 집까지는 약 1km. 걸어서 가면 15분 정도 걸리는 짧은 거리였다. 서둘러 집에 들어가서 잘 생각에 걸음을 재촉했지만, 발이 말을 듣지 않았다. 몸에 힘이 들어가지 않아 이리저리 흐느적거리다가 넘어지기 일쑤였고, 일어서다가 미끄러져 바닥에 어깨를 부딪치기를 수십 번이었다. 힘들게 집에 들어와 가까스로 눈을 붙였다.

다음 날, 뜨거운 햇살에 나도 모르게 눈을 떴다. 머리가 깨질 듯이 아파왔다. 머릿속에서 누군가가 뇌를 얇은 침으로 콕콕 찌르는 것 같았다. 머리를 부여잡고 간신히 몸을 일으켜 시계를 보았다. 낮 2시. 이미 출근은 물 건너간 셈이다. 자리에서 일어나려 할 때마다 골이 울렸다. 머리맡에 있는 냉수를 한 컵 들이켜고 길게 트림을 하자, 속이 조금은 편해지는 것 같았다

"깼냐? 이놈아. 무슨 술을 그리 먹었어? 기다려라. 해장하게 콩나물국이나 한 사발 끓여줄 테니."
"으, 제가 어제 몇 시에 들어왔어요?"
"너? 아버지 나가실 때 들어왔으니까. 새벽 5시 반쯤?"

나는 입을 떡 벌렸다. 사무실에서 나올 때가 1시였는데, 집에

도착한 게 5시 반이면... 나는 1km 거리를 4시간 넘게 걸어온 셈이었다. 그제야 몸이 덜덜 떨려왔다. 자세히 보니 어깨와 무릎, 종아리에도 긁힌 상처가 많았다. 그 짧은 거리를 여기저기 부딪치고 비틀거리면서 온 훈장이었다. 그때부터 양주라면 아내나 부모님이 기를 쓰고 싫어했다. 그 양주 공장을 다니면서 술이란 술은 원 없이 먹었었다. 양주를 워낙 많이 마시고 술에 취해 다치는 날이 많아지면서 퇴사를 고민할 즈음, 군대를 기다려 준 아내와 결혼을 했다. 3년 동안 면회를 오고 내 뒷바라지를 해 준 아내가 괘씸해서 결혼은 일찍부터 결심하고 있었다. 하지만 막상 결혼을 하자, 여러 가지 일이 한꺼번에 몰아치기 시작했다. 무엇보다 가장 큰 변화는 분가였다. 결혼을 하고 아내와 함께 집에서 생활한 지 정확히 28일째 되는 날이었다. 부모님이 나와 아내를 불러다 앞혀놓고는 일장연설을 늘어놓으셨다.

"광석아. 네가 올해 몇이냐."
"이제 스물일곱이죠."
"그래. 게다가 넌 결혼까지 하지 않았냐. 나는 이 정도면 부모 노릇은 충분히 한 것 같구나. 이제는 더 이상 우리 집에 붙어 있지 말고 나가서 살아라."
"예? 아무리 그래도 이렇게 갑작스럽게 나가라고 하시면..."
"이놈아. 네 동생들도 이제는 초등학교, 중학교, 고등학교 다닌다. 동생들 머리가 커서 집도 점점 좁아지는데, 언제까지 붙어 있으려고. 군말하지 말고, 내일 당장 방 빼."

부모님의 의지가 너무 확고했다. 그렇게 나와 아내는 결혼한 지 28일 만에 빈손으로 집에서 쫓겨나고 말았다. 당장 수중에 돈이 없으니, 방 얻을 돈이라도 좀 달라고 사정을 했으나, 부모님은 매몰차게 거절했다. 맨주먹으로 거리에 나앉게 생긴 나는 어떻게든 돈을 마련해야 했기에 가지고 있던 오토바이를 팔고 얻은 돈과 아내가 결혼할 때 가지고 온 돈을 모아 사업을 시작했다. 평생 농사를 짓고, 공사장만 돌아다닌 내가 할 수 있는 사업이라는 건 그리 많지 않았다. 시내를 돌아다녀 보니, 사람은 많은데 음식점이 그리 많지 않은 게 눈에 띄었다. 게다가 아내는 음식 솜씨가 나쁘지 않았고 깔끔한 성격이라 음식을 곧잘 했었다. 자본도 많이 필요 없고, 부지런하면 쉽게 시도할 수 있는 사업. 그렇게 나는 시내 중앙에 작은 분식집을 하나 얻어 첫 사업을 시작했다.

지역의 명소로
이름을 날렸던 분식집

에초에 시시고 나온 돈이 워낙 적었기에 큰 가게를 구할 수가 없었다. 쪽방같이 보이는 4평 크기의 작은 가게에서 처음으로 사업을 시작했다. 사업이라고 거창하게 이야기했지만, 따지고 보면 평범한 분식집에 불과했다. 작고 허름한 가게에는 테이블이 4개밖에 들어가지 않았다. 학생들이 7~8명 들어서면 자리가 꽉 차는 가게였다. 뒤편에는 창고로 쓰던 2평 남짓한 창고 같은 공간이 있었는데, 나와 아내는 따로 잠잘 곳이 없어 그곳에서 잠을 잤다. 우리가 들어오기 전에도 분식집을 하던 사람들이 있었는데, 그 사람들은 주변에 분식집이 너무 많이 생기고 힘이 들어 장사를 그만둔다고 하셨었다. 부동산 계약을 마무리하는 날, 나는 지푸라기라도 잡는 심정으로 그분들에게 통 사정을 했다.

"아니, 이것도 인연인데, 요리 몇 개만 좀 알려주세요."

"요리요? 분식 하신다며. 그럼 떡볶이랑 오뎅 같은 건 할 줄 아실 거 아냐."

"대충은 아는데, 잘은 몰라요. 장사가 처음이라서. 노하우 같은 것 좀 알려줘요."

"허, 참 나. 부동산 계약하러 와서 이런 경우는 또 처음이네. 가만있어 보자. 뭐, 내가 이 동네에서 계속 장사할 것도 아니고. 좋아요. 사장님 열정이 마음에 드네. 이리 와 봐요. 내가 하던 그대로 알려줄게."

그분들 덕분에 쫄면이나 냉면, 칼국수 등 기본적인 메뉴에 대한 레시피를 얻을 수 있었다. 정말 어렵게 시작한 분식집이었지만, 처음에는 당연하게도 장사가 잘되지 않았다. 하루 종일 손님이 한 팀, 적게는 두 팀 정도밖에 없는 경우도 있었고 월세 내기 빠듯할 정도로 장사가 안되는 달도 많았다. 제대로 된 신혼도 즐기지 못하고 자의 반, 타의 반으로 시작한 분식집인데, 이렇게 마무리할 수는 없었다. 손님이 없는 날 저녁, 나는 노트를 가지고 책상에 앉아 장사가 안되는 이유를 하나하나 체계적으로 분석하기 시작했다.

'위치는 나쁘지 않아. 이 주변에 중학교, 고등학교만 두어 개에 초등학교도 있잖아. 분식집은 어차피 학생들이 얼마나 많이 오냐 싸움인데, 가만 생각하면 우리 집은 학생들보다 어른들이 더 많

은 것 같아. 이유가 뭐지?'

혼자 끙끙거리며 고민하다가 직접 발로 뛰며 원인을 찾아보기 시작했다. 나는 어린 시절부터 궁금한 게 있으면 어떻게든 직접 궁금증을 풀거나 확인해야 직성이 풀리는 성격이었다. 게다가 뭔가 하나에 꽂히면 남들이 제발 그만하라고 할 정도로 파고드는 성향이 있었다. 그런 나의 눈에 우리 분식집이 들어왔다. 대체 우리 분식집이 장사기 안되는 이유가 뭘까. 이 궁금증을 해소하기 위해, 나는 매일매일 동네를 돌아다니며 분석을 시작했다.

먼저 위치. 처음 생각한 대로 분식집 위치 자체는 나쁘지 않았다. 하지만 문제는 경쟁업체였다. 처음 가게를 얻을 때는 몰랐지만, 가게 주변이 완전히 학원가였기 때문에 분식집과 비슷한 가게들이 꽤 많았다. 우리 가게에서 한 블록 떨어진 곳에 분식집이 있었고, 거기서 10m 정도를 더 가면 또 다른 분식집이 있었다. 조금 더 떨어진 곳에는 분식과 문구점을 같이 하는 가게도 있었다. 가만히 세어 보니 반경 100m 인근에 떡볶이나 오뎅 같은 분식을 파는 집이 우리 집 포함해서 네 군데가 넘었다. 가게가 많았음에도 우리 집을 제외하면 모두 학생들이 미어터질 정도로 장사가 잘 됐다. 나는 다음 날부터 손님인 것처럼 위장하고 아이들이 하교하는 시간에 맞춰 가게 인근 분식집을 하나씩 찾아다녔다.

'이 집은 음식이 좀 달다. 어? 떡볶이에 치즈를 뿌리네? 학생들이 저것 때문에 좋아하는 건가? 어디 보자. 저 집은 옆에서 뽑기를 같이하네. 초등학생들이 그래서 저 집으로만 가는구만. 이 집은? 인테리어가 예쁘고 깔끔하네. 여학생들이 좋아하겠어.'

처음에는 뭐 다를 게 있을까 하고 시작한 탐방이었지만, 꾸준히 조사를 하자, 각 분식집의 특이한 점들이 보이기 시작했다. 다들 메뉴도 비슷하고 가격도 비슷했지만, 아이들이나 학생들이 좋아할 만한 독특한 강점들을 하나씩은 가지고 있었다. 거의 한 달 동안 주변을 탐방하면서 상권을 분석하고 성공하는 가게들의 장단점을 찾아보았다.

가게마다 나름의 특기라고 할 수 있는 것들이 하나씩 있었다. 요즘 말로 하면 킥이라고 할까? 그러고 나서 우리 가게를 둘러보았다. 불편한 실내에 특색 없는 인테리어. 음식 맛도 보통 수준. 내가 고객이라고 해도 굳이 우리 가게를 찾아올 이유가 없어 보였다. 그때부터 내 고민은 더욱 커졌다. 장사가 잘되지 않는 이유가 특색이 없어서라면, 어떻게 특색을 만들어야 할까?

'결국 이 동네의 주요 고객은 학생들이다. 그럼 학생들이 좋아할 만한 뭔가를 만들어야 해. 학생들이 좋아하는 게 뭘까. 친구도 좋아하고 이성도 좋아할 나이다. 그 나이때 애들은 뭐든지 서로 함께하려고 하니. 친구들과 함께 할 수 있는 뭔가를 만들어 주

면 좋을 것 같은데...'

며칠 내내 나는 우리 가게만의 특별함을 찾기 위해 많은 노력을 기울였다. 장사를 하면서 학생들의 대화에 귀를 기울였고, 가게가 한가할 때는 수첩을 들고 동네를 한 바퀴 돌면서 고민을 거듭했다. 그날도 평소처럼 동네 산책을 하고 있을 때였다. 골목을 여기저기 쏘다니고 있는데, 중학교 담벼락 뒤편, 으슥한 곳에 아이들이 모여 있는 모습이 보였다. 담배를 피는 아이들도 있지만, 불법적이거나 폭력적인 일은 아닌 것 같았다. 아이들은 무언가를 보며 자기들끼리 히히딕거리고 있었다. 아이들이 눈치채지 않게 슬쩍 다가가자, 콘크리트 벽에 낙서를 하고 있는 몇몇 녀석들의 모습이 보였다. 구석에 숨어 아이들이 사라질 때까지 기다렸다가 재빨리 달려가 아이들의 낙서를 확인했다. 낙서에는 별별 내용이 다 적혀 있었다. 상스러운 욕은 물론이고 친구와의 우정을 쓴 흔적도 있었다. 그냥 본인 이름 석 자만 적은 녀석도 있었고, 누가 연애를 한다거나, 야한 짓을 한다는 외설적인 내용도 있었다.

'이거다! 낙서! 낙서는 누구나 좋아하잖아! 우리 가게를 낙서 명소로 만들어 보자. 가만, 일단은 조사를 좀 해봐야겠는데.'

나는 흥분되는 가슴을 가라앉히고 주변 학교 담벼락을 모두 돌았다. 낙서가 없는 학교는 단 한 군데도 없었다. 분필로 낙서를 한 담장도 있었고 돌로 찍 그어서 그림을 그려놓은 벽도 있었다. 나는 그 길로 철물점과 문구점을 방문해 못과 망치와 함께 커다란 모조지를 샀다. 벽 한 면을 가득 채울 정도로 큰 모조지를 어깨에 둘러메고 가게로 돌아온 나는 곧바로 한쪽 벽에 모조지 여러 장을 겹쳐서 커다란 벽지 하나를 만들어버렸다. 그리고 각 테이블마다 매직이나 사인펜을 구비해 놓았다. 아내는 내가 또 이상한 짓을 한다며 투덜댔지만, 말리지는 않았다. 그리고 다음 날, 몇몇 학생들을 중심으로 우리 가게에 대한 소문이 퍼져나가기 시작했다. 아예 우리 가게에 와서 낙서를 물어보는 학생들도 있었다.

"아저씨! 여기 낙서할 수 있는 칠판 있다면서요. 진짜 해도 돼요?"
"그럼, 물론이지. 친구랑 와서 떡볶이 먹고 저기에 하고 싶은 말이나 그림 아무거나 쓰면 된다. 아직 낙서가 많지 않아서 지금 쓰면 더 잘 보일걸?"
"그림 그려도 되는 거죠?"
"당연하지."

낙서를 할 수 있는 분식집이 생겼다는 소문이 퍼지자 딱 일주일 만에 우리 집은 대박이 났다. 하교 시간이 되면 한 번도 꽉 차지 않았던 테이블이 꽉 찼고, 가게를 빙 둘러서 대기 줄까지 생겨났다. 처음에는 자기 이름만 적던 학생들이 어느 날부터는 아예 그림을 그리거나, 친구들과의 우정이나 추억을 기억하는 용도로 낙서판을 쓰기 시작했다. 아예 비밀 편지를 쓰는 녀석들도 있었고, 낙서판에서 사랑을 고백하는 녀석들도 있었다. 낙서판이 꽉 차면 뜯어내고 새로운 모조지를 붙여 초기화를 했다. 종종 자기들만의 추억을 간직하고 싶다며 낙서판을 원하는 학생들에게는 낙서판 일부를 찢어서 건네주었다. 낙서판을 붙이고 한 달도 안 되는 사이에 손님이 바글바글해졌다. 학생들 사이에 소문이 나면서 우리 집이 학생들의 주요 약속 장소가 되어버렸고, 하교 시간만 되면 인근 학생들이 모두 몰려와 줄을 서야 할 정도로 장사가 잘됐다. 애초에 손님은 정해서 있는데, 그 손님들이 모두 우리 집으로 몰리니, 당연히 다른 분식집들은 장사가 안되기 시작했다. 주변 분식집에서 우리 집이 손님을 빼앗아 간다며 볼멘 소리가 터저나왔다. 직접 가게를 찾아와 행패를 부린 적도 있었고, 아예 시위를 하기도 했었다. 그럼에도 손님은 끊기지 않았다. 이미 입소문을 타면서 우리 가게가 지역의 명소로 인정받은 것이다.

  처음 시작한 장사가 예상보다 더 큰 성공을 거두자, 나와 아내는 미친 듯이 장사에 몰두했다. 1년 365일, 쉬는 날도 없이 장사를 거듭하니 그래도 먹고 살 수 있을 정도로 돈은 벌 수 있었다. 몸이 어느 때보다 노곤하고 힘들었지만, 돈 버는 재미에 힘든 것도 몰랐다. 그렇게 1년 반을 하다가 아내가 아이를 낳게 되었다. 임신을 했을 때도 장사를 해야 한다며 하루도 빠짐없이 가게를 나

오던 아내다. 아이를 낳는 당일 아침에도 내게만 가게를 맡기기는 영 불안하다며 아침에 오픈 준비를 하고 조산소로 애를 낳으러 갔었다. 평범한 부부라면 이때쯤이면 가게 문을 잠시 닫고 아내 곁을 지켜주었겠지만, 아쉽게도 우리는 평범한 부부가 아니었다. 아내는 내게 잠시라도 가게를 비우지 말라고 신신당부를 했고, 나 역시 안타까운 마음은 있었지만, 가게를 지켜야 한다는 생각에 끝내 아내 곁으로 달려가지 못했다. 한 번도 제대로 말을 한 적은 없지만, 지금도 첫째를 낳을 때 옆에 있어 주지 못한 게 아내에게 못내 미안할 정도다.

혼자 가게를 운영하는 건 또 다른 영역의 어려움이었다. 그동안 나는 인테리어나 서빙, 배달만 했고, 음식은 전부 아내가 도맡아서 조리했었다. 당연히 바쁠 때는 나도 옆에서 도왔기에 쫄면이나 라면, 냉면이나 떡볶이 같은 것들은 할 수 있었지만, 맛의 핵심이 되는 소스나 육수는 아무래도 맛이 다를 수밖에 없었다. 그럼에도 아내가 남겨둔 레시피를 참고하며 열심히 혼자 가게를 운영했다. 밤늦게 장사를 마치고 병원에 잠깐 들러서 아내의 상태를 확인하는 정도였기에 아이의 얼굴도 제대로 볼 수 없었다. 첫 아이가 태어났다는 기쁨도 컸지만, 그것보다는 아내와 자식들을 어떻게든 먹여 살려야 한다는 책임감이 커졌다. 팔뚝보다 작은 아이에게 부족함 없는 삶을 선물하고 싶었고, 그러기 위해서는 어떻게든 가게를 운영하며 돈을 벌어야 했다.

처음에는 아내가 회복될 때까지만 혼자 가게를 꾸려갈 생각이었는데, 아이를 낳자, 그게 마음대로 되지 않았다. 산후 우울증이며 젖몸살이며, 출산을 한 아내의 몸은 만신창이였다. 임신한 상태에서 쉬지 않고 장사를 한 것도 몸이 안 좋은 이유 중의 하나였다. 다행히 아내는 금방 건강을 회복했지만, 갓난아기를 데리고 장사를 할 수는 없는 노릇이었다. 장모님과 부모님이 번갈아 가며 몇 번 도와준다고 해도 결국 아기는 엄마의 손길이 필요했다. 아기를 둘러업고 몇 번 장사하러 나온 적도 있지만, 끝없이 보채는 아기의 울음소리에 아내는 금방 아기를 업고 다시 집으로 들어가야 했다. 아무리 봐도 아이가 부모의 손이 조금 덜 필요할 때까지는 꼼짝없이 내가 혼자 가게를 운영해야 했다. 문제는 그게 결코 쉽지 않다는 것이었다.

손님이 적은 편도 아니고 하교 시간이 되면 학생들이 끝없이 몰려드는데, 나 혼자 손님을 응대하고, 요리를 하다 보면 혼이 나간 것만 같았다. 어쩌다 배달이라도 들어오면 잠시 문을 닫아놓고 직접 배달을 다니기도 했다. 상황이 이렇다 보니 자연스레 손님들에게서 불만이 튀어나왔다. 음식이 너무 밀려 기다리다가 그냥 가버리는 손님도 생겼고 음식 맛이 변했다며 대놓고 컴플레인을 걸어오는 손님도 있었다. 아르바이트생을 쓸까 하는 생각을 안 한 것도 아니지만, 음식점의 기본이 되는 맛이 보장되지 않으면 아무런 소용이 없었다. 게다가 아무리 장사가 잘된다고 해도 4평 남짓한 작은 분식집에서 버는 돈에는 한계가 있었다. 간신히 우리 가족 먹고 살 정도는 벌 수 있었으나, 새로 사람을 쓸 정도는 아니었다.

'계속 이렇게 살 수는 없어. 집사람이 계속 애를 본다고 생각하고 내가 따로 돈을 벌 방도를 좀 찾아야겠다.'

나는 아니다 싶으면 빠르게 포기하고, 해야겠다는 마음이 생기면 그날부로 바로 시작하는 추진력이 있는 사람이다. 아내가 없이 나 홀로 분식집을 계속 운영할 수는 없었다. 지금까지 쌓아온 고객 인프라와 단골들이 아쉽지 않다면 거짓말이었겠지만, 당장 나 혼자 분식집을 운영하기에는 너무 벅찼다. 결심을 굳힌 나는 분식집을 팔아버리고 그동안 번 돈으로 작은 집 하나를 얻었다. 집에서 쫓겨나듯 분가하고 분식집을 시작한 지 불과 1년 반만의 일이었다. 아내와 아이를 집으로 옮긴 나는 이제 또 뭘 해야 하는지를 깊이 고민했다. 처음에는 이전처럼 어디 공장에 취직할 생각도 했었다. 하지만 그렇게 월급쟁이로 살다가는 큰돈을 벌 수 없을 것 같았다. 게다가 답답한 걸 싫어하는 내 성격에도 어울리지 않았다.

전국을 돌며 장사를 하던
장돌뱅이 시절

'결국 큰돈을 벌고 싶으면 장사를 해야 해. 내 상사. 월급쟁이로는 한계가 있고, 한 곳에 묶여서 장사를 하기에는 여건이 허락하지 않는다. 그렇다면 방법은 하나, 내가 직접 돌아다니며 장사를 하는 거지.'

장사에 대한 열망이 한 번 피어오르자, 쉽게 사그라들지 않았다. 움직이면서 장사를 하기 위해서는 물건을 싣고 다닐 큰 차가 필요했다. 문제는 간간이 오토바이나 운전했던 나는 큰 차를 운전하기 위한 1종 보통 운전면허가 없다는 것이었다. 장사를 해야겠다는 결심이 서자마자 나는 1종 보통 운전면허증을 가신 친구를 찾아가 밥을 사주며 연수를 받았다. 화물을 취급하기 위해서는 별도의 면허도 필요했는데, 그것 역시 빠르게 준비를 시작했다. 이왕 하기로 했으면 망설이지 않고 머리부터 들이미는 내 성격 때문이었다. 그렇게 한 달도 되지 않은 시간 안에 화물 운송 자격증과 1종 보통 운전 면허증을 취득할 수 있었다. 면허증을 취득한 날, 곧바로 자동차 매장으로 가서 커다란 봉고차 한 대를 사서 서울로 향했다. 운전 연수를 받는 것과 내 차를 끌고 운전을 하는 건 완전히 다른 일이라고 해도 과언이 아닐 정도로 긴장감의 농도가 달랐다. 방향지시등 한 번 켜서 끼어드는 데도 한참이 걸렸고, 주차를 하는 과정에서 여기저기 부딪치며 봉고차가 찌그러지기도 했다. 친구들은 너무 빠르다며 연습을 좀 더 하라고 조언했지만, 나는 한시라도 빨리 돈을 벌어야 한다는 조급함에 친구들의 조언을 무시했다.

봉고차를 구매하면서 내가 생각한 사업은 사입이었다. 사입은 도매처에서 상품을 매입하는 행위로 제조사나 도매상으로부터 상품을 구매해 재고를 확보하고, 이를 소비자에게 판매하는 방법이었다. 지금은 사입이 체계적인 용어로 굳어져서 초보자들도 쉽게 사입 시장에 뛰어들 수가 있지만, 당시에는 체계적인 산업 환경이 마련되지 않아서 진입장벽이 꽤 높은 시장이었다. 운이 좋게도 나는 친구 중에 한 명이 예전에 동대문에서 사입을 한 경험이 있어서 어느 정도의 기본 지식을 가지고 시작할 수 있었다.

"사입은 기본적으로 일반인들에게 알려진 시장이 아니란 말야. 그래서 여기 진입하려면 도매상이나 소매상들끼리 통용하는 은어

나 암호 같은 걸 알고 있어야 해. 자, 예를 들어보자, 이거 티셔츠 한 장에 4000원이라고 쳐. 동대문 시장 가서 이걸 4000원에 달라고 하면 백퍼 일반인이야. 그런데 소매상들은 이 티셔츠의 도매값이 2500원인걸 알고 있거든. 그래서 티셔츠를 살 때 2500원에 달라고 정확한 도매값을 이야기하면 이 사람들이 도매상, 아니면 소매상이다. 이걸 알아서 그때부터 거래를 한다는 거지. 그러니까 도매상으로 활동하고 싶으면 일단은 가격을 알아야 해."

"야, 시장에 있는 물건이 한 두 개가 아닌데, 그럼 그 물건들 가격을 다 알아야 하는 거야?"

"당연한 소리 아니냐? 장사는 뭐 쉬운 줄 일있나? 일단은 내가 아는 물건 값은 알려줄 텐데, 나머지는 네가 직접 알아봐야 해. 알았지?"

친구를 따라 처음 가 본 동대문, 남대문 시장의 사입 시장은 정말 독특하고 매력적인 공간이었다. 사입 시장의 특성상, 일반 고객들이 방문하지 않는 새벽 2시에서 3시부터 시장이 열린다. 수많은 물건들이 가게 앞에 쭉 진열되어 있고, 사려는 사람이 가격을 선 제시하면 그때부터 판매가 시작된다. 여기서 미리 알아 온 도매값을 제시하지 못하면 가게 주인이 장사꾼이 아니라고 여기고 물건 판매를 아예 하지 않는 것이다. 도매값은 정해져 있는 게 아니고 매번 바뀌는 데다가 소비자 가격과 꽤 차이가 많이 나서 매일 사입 시장을 방문하는 사입 장사꾼이 아니면 알 수가 없게 구성되어 있었다. 굉장히 폐쇄적인 시장이라 나 역시 며칠 동안은 사입 시장을 방문하며 물건의 가격을 직접 확인해서 기억하는 과정을 거쳤다.

물건을 성공적으로 떼 올 수 있게 된 다음부터는 장사할 자리를 고민하기 시작했다. 애초에 봉고차를 구매한 이유도 전국 방방곡곡을 돌아다니기 위해서였기에 처음에는 각 지역별 유명한 시장을 알아보고 방문했다. 지금이야 집에서 인터넷으로 클릭 몇 번만 하면 세계 곳곳에 있는 물건들을 쉽게 구매할 수 있지만, 당시만 해도 지방에 있는 사람들은 서울이나 도심에 있는 물건을 구경도 못 해본 경우가 많았다. 옷이나 생필품은 물론이고 지역에 있는 특산물도 해당 지역을 넘어서기가 어려운 시절이었다. 이처럼 물자의 유통이 지금처럼 원활하지 않았던 당시의 시대 상황을 확인하고 나는 장돌뱅이 생활을 시작했다. 저녁 10시나 11시쯤 집에서 출발해 동대문, 남대문 시장, 그도 아니면 지역의 큰 시장에 도착하면 새벽 1시쯤이다. 그때 인근 포장마차에서 라면이나 우동 같은 걸 먹으면서 시장이 열리길 기다렸다가 시장이 오픈되면 도매가로 물건을 매입하고 새벽에 여주나, 양평, 오산, 수원, 인천 등 장이 열리는 지역으로 움직인다. 그렇게 지방에 도착하면 새벽 5~6시. 차 안에서 잠깐 눈을 붙이고 일어나서 바로 장사 준비를 시작해 장사를 시작한다. 전형적인 장돌뱅이의 인생이었다.

전국 곳곳의 장을 따라다니면서 온갖 장사를 했다. 처음에는 옷으로 시작했지만, 지역에서 요청이 오면 신발이나 과일, 채소를 판매하기도 했고, 각종 생필품을 파는 일도 많았다. 사입 시장에 갈 때 가격에 따라 각양각색의 물건들을 팔았고 지역마다 아예 직접 장을 만들어서 판매하는 경우도 많았다. 특히 강원도 사북에 있는 탄광지대에서는 친한 장돌뱅이 몇몇이 모여 한 달에 한 번 날을 정해 장을 서기도 했다. 미리 자리를 정해놓고 지역 동네 사람들에게 홍보도 하고, 먹거리 장사꾼들도 불러서 장을 크게 만들어 지역 주민들의 축제로 만드는 것이다. 멀리 아랫지방 말고는 전국 방방곡곡을 다녔다. 새벽에 밤새 운전을 하고 장이 열리는 지역에 가면 잠깐 눈을 붙이는 경우도 있지만, 시간이 애매하면 잠 대신 막걸리 한 사발을 들이키고 장사를 하는 일도 비일비재했다.

장사로 큰돈을 벌겠다는 야심찬 생각으로 시작한 장사였지만, 내 생각보다 장돌뱅이 생활은 힘들었다. 무엇보다 어려운 것은 자리를 차지하는 일이었다. 큰 장이든, 시골의 작은 동네 장이든 모두 저마다 자리가 있었다. 이 자리를 빼앗거나 차지하려면 배포가 있어야 했고, 부지런해야 했다. 장사를 시작하고 얼마 안 된 시점에 여주 인근 동네의 커다란 장에 간 적이 있었다. 원래 가던 장이 끝나버려서 새롭게 찾아간 장이었는데, 새벽같이 도착했음에도 이미 장사꾼들이 저마다 자기 자리를 차지해 물건을 펼치고 있었다. 그래도 빈 손으로 돌아갈 수는 없어서 몇 차례나 시장을 돌다가 구석에 빈자리 하나를 발견했다. 마치 원래 누군가가 장사하는 자리인 것처럼, 옆에 있는 가게들도 자리를 비워둔 곳이었다. 옳다구나 하고 재빨리 봉고차를 대놓고 누가 찾아올까 서둘러 물건을 폈다. 그렇게 오전 장사를 시작하고 점심때 즈음, 어떤 남자가 용달차를 몰고 다가왔다.

"어? 뭐야. 여기 내 자린데. 이보쇼! 여기 내 자리니까 얼른 물건 빼요."

"예? 무슨 소립니까. 아침부터 내가 장사 잘하고 있구만. 빼긴 뭘 빼요."

"아니, 이 사람이! 내가 여기서 몇 달 전부터 장사를 하고 있는데, 갑자기 어디서 나타나서는 훼방이야! 얼른 안 빼?"

"참 나. 여기 자리를 돈 주고 사셨소? 그리 귀한 자리면 미리미리 잘 관리해야지. 뭔 시장통에서 네 자리, 내 자리가 어딨어!"

두어 시간 동안 입씨름을 신나게 하다가 남자는 나를 노려보고는 그대로 사라져 버렸다. 이미 난 물건을 펴 놨고, 수월하게 장사를 하고 있어서 손님들까지 있는 상황이었기에 그 남자가 뭘어찌할 방도가 없었기 때문이다. 보통 장은 일주일에 한 번씩. 나는 다음 주에도 새벽같이 길을 나서서 자리를 선점했다. 아침 일찍 막걸리도 먹지 않고 물건을 쫙 펼치자, 지난 주에 봤던 그 용달차가 여지 없이 등장했다. 이번에는 그 남자도 머리를 썼는지, 아침 해가 뜰 때쯤 모습을 드러냈다. 하지만 나는 이미 새벽부터 물건을 펼쳐놓은 상태였다.

"아니, 또 왔네? 이보쇼. 여기 내 자리라니까. 왜 자꾸 이래?"
"자리 주인이 어딨어! 지난주에도 내가 장사를 했는데, 정 억울하면 저기 빈자리에서 장사하든가. 무슨 말도 안 되는 억지를 부리고 있어!"

남자는 어이가 없는 얼굴로 내 얼굴을 가민히 응시하다가 고개를 절레절레 흔들고는 차를 타고 그대로 떠나 버렸다. 그렇게 되면 그 자리는 내 자리가 되는 거다. 장돌뱅이들은 이런 일이 일상이었다. 자리를 돈 주고 사는 제도나 시스템이 제대로 정착되기 전이었기에 동네마다 이런저런 장이 많았고, 그런 곳에서는 예외 없이 위와 같은 다툼이나 갈등이 생기기 마련이었다. 처음에는 나 역시 순진하게 정해진 장소에서 정직하게 장사를 하려 했지만, 그렇게 해서는 자리를 차지할 수 없었다. 얼굴에 철판을 깔고 몇 차례 뜨내기 장사꾼들과 드잡이질을 하고 나서 내가 꾸준히 나오고 좋은 물건을 좋은 값에 공급하면 손님들이나 주변의 장사꾼들도 나를 인정해 주곤 했다. 특히, 부평초처럼 떠도는 장돌뱅이들은 같은 처지인 동료들을 까다롭게 판단하고, 한 번 믿음을 주기 시작하면 마치 가족처럼 챙겨주기로 유명한 이들이다. 낯선 타지를 전전하는 이들이다 보니, 그곳에서 온기를 느낄 수 있는 사람들과의 인연을 무척 소중하게 생각하는 것이다. 몇 차례 드잡이질을 하면서 자리를 빼앗는 모습과 열정적으로 장사에 임하는 내 모습을 본 몇몇 장돌뱅이들이 나를 좋게 보며 함께 다니자는 제안을 하기 시작했다.

"그, 이보슈. 저번에 여주에서 봤는데, 와, 내가 장돌뱅이 인생 15년 차인데, 자네처럼 강단있고 배포있게 자리 빼앗은 사람은 처음이야. 젊은 친구가 어쩌면 그렇게 심지가 굳나 그래. 성실하기도 하고."
"하하. 과찬이십니다. 아직 모르는 게 많으니까 많이 알려주세요."
"자네, 그러지 말고, 우리랑 같이 돌아다녀 보는 건 어때? 며칠 후에 일산 쪽에 초등학교 운동회가 있거든. 거기 우리 장사꾼들 서너 명이 같이 가려는데, 자네만 괜찮으면 껴 주고."
"저야 감사하죠."

전국에 장사꾼들이 많다고 해도 나처럼 전국을 무대로 돌아다니는 장돌뱅이 장사꾼은 그렇게 많지 않았다. 여기 저기 큰 장을 몇 번 돌아다니다 보면 장사꾼들끼리 서로 안면을 트게 되고, 그런 장사꾼들 중에 몇 명이 내가 마음에 든다며 함께하기를 제안했다. 자연스럽게 몇 명의 장사꾼들과 친분이 생겼고, 그룹을 이뤄

강원도, 경기도, 충청도 등 지방을 돌아다니기 시작했다. 간혹 초등학교나 중학교 운동회에 참석하기도 했다. 물총이나 뽑기, 달고나 등 행사에 맞게 물건을 준비해 가서 학생들과 학부모들을 상대로 장사를 하는 것이었다. 그때는 안 해 본 장사가 없었다. 먹거리 시장이면 치킨 장사를 했고, 과일이 유명한 동네에서는 특산물인 과일을 떼 와서 서울이나 이천에서 팔기도 했다.

애초에 아내가 일을 도와줄 형편이 되지 않아 혼자 일하기 위해 시작한 장돌뱅이 생활이었지만, 아이러니하게도 아내 역시 고생을 많이 했다. 아내가 첫 애를 출산한 지 몇 달 되지 않아서 내가 그 일을 시작했는데, 아내는 몸이 회복되자마자 나를 돕겠다며 따라 나섰다. 이제 돌도 되지 않은 아이를 업고 같이 갈 때도 있었고, 아이를 친정이나 시댁에 맡기고 아내만 따라나오는 경우도 많았다. 나는 굳이 따라올 필요 없다며 집에서 쉬라고 매일같이 말했지만, 아내는 집에 있는 게 더 불안하다며 부득불 따라나섰다. 출산한 지 얼마 되지 않은 몸으로 지방까지 움직이는 일정이 괜찮을 리 없었건만, 아내는 아픔을 참아가며 나와 함께 온갖 고생을 이겨냈다. 젖몸살이 심해서 차 안에서 젖을 빼 하수구에 버릴 때도 있었고, 출산 후유증으로 갑자기 쓰러져 동네 응급실을 찾은 적도 많았다. 고생을 사서 하는 아내를 보면 안쓰럽고 미안했다. 나와 지방으로 장사를 하러 다니면서 신혼여행을 이제야 간다고 우스갯소리를 하는 아내의 모습이 너무 애틋해 남몰래 눈물 흘린 적도 있었다. 그래서 장사가 좀 자리 잡고, 내가 장사에 익숙해진 뒤로는 어지간하면 나 혼자 다니려 노력했다.

 장돌뱅이라는 직업 자체가 지방에 가서 물건을 파는 일이다 보니, 사람들과의 분쟁도 잦았다. 지역에 미리 자리 잡고 있는 토박이 장사꾼들이 조직적으로 훼방을 놓기도 했고, 장돌뱅이들끼리 자리 싸움을 하다가 주먹다짐을 하는 경우도 비일비재했다. 가장 기억에 남는 건 인천에서의 일이었다. 그때는 큰 장이 없어서 인천에 있는 커다란 도로 옆에 차를 대고 그 앞에서 옷을 팔고 있었다. 전날 미리 봐둔 자리였고, 아침에 새벽같이 일어나 자리를 펴서 비가 부슬부슬 내리는 데도 천막을 치면서 장사에 열중하고 있었다. 도로를 지나가던 차들 중 몇몇이 내려 옷을 샀고, 소문을 듣고 직접 도로로 와서 옷을 사 가는 주민들도 있었다. 그렇게 점심 때가 다가올 무렵, 억세 보이는 아줌마 하나가 커다란 보따리 하나를 들고는 내가 옷을 진열해 놓은 도로 한 편에 자리 잡았다. 보따리를 풀어헤친 아줌마는 그대로 안에 있는 물건들을 보란 듯이 내 옷 옆에 진열해 놓았다. 다른 물건이라면 나도 그러려니 했겠지만, 나와 품목이 똑같은 옷이었다.

 "아줌마, 수작 부리지 말고 저리 가요. 내가 아침부터 여기서 장사하고 있잖습니까."
 "수작이라니. 젊은 청년이 말을 함부로 하네. 장사하는 데 자리가 어딨어? 그냥 자리 잡고 하면 그만이지. 욕심 부리지 말고 같이 해요. 방해 안 할게."

"아니, 시급 여기다 물건 펴는 게 방해죠. 무슨 소리예요. 옷 장사를 하고 있는데, 바로 옆에서 또 옷을 파는 게 무슨 경우에요."

"내가 뭐 옷 판다고 했나? 여기 닭이랑 계란이랑 다른 것도 팔 거야. 신경 끄고 당신 장사나 하라니까?"

몇 차례나 실랑이가 벌어졌지만, 아줌마는 내 말을 한 귀로 듣고 한 귀로 흘리고 있었다. 마치 내 말이 들리지 않는 것 같았다. 몇 차례 말싸움을 하는데도 아줌마는 들은 체도 하지 않고 물건을 피는 데 집중하고 있었다. 아예 내 옷을 보러 온 손님에게 흥정을 제안하며 자기 물건을 팔기까지 했다. 머리 끝까지 화가 치민 나는 그대로 아줌마의 물건을 발로 걷어차고, 손으로 집어 던지기 시작했다.

"에구머니! 이 사람이 왜 이래! 이보쇼! 이 인간이 미쳤나. 당장 그만 안 둬!"

이번에는 내가 아줌마의 욕지거리를 한 귀로 흘렸다. 닭을 그대로 도로에 풀어주었고, 계란도 도로에 집어 던져 깨버렸다. 아줌마 앞에 있던 옷 보따리도 뭉쳐서 집어 던져 도로 위가 난장판이 되어버렸다. 아줌마는 내 손과 발에 매달리며 짐승처럼 울부짖었지만, 스물 아홉의 건장한 청년을 아줌마가 견뎌낼 리는 없었다. 힘으로 나를 막지 못한 아줌마는 그 길로 사람들에게 부탁해 경찰을 불렀다. 신고를 받고 출동한 경찰은 당연히 나를 체포했다. 도로는 난장판이고 아줌마는 울고 불고 소리치고 있는데, 누가 봐도 내가 범인이었으니까. 속으로는 당황했지만, 그때는 화가 치밀어올라서 변명도 못하고 그대로 끌려갔다. 제도나 치안 시스템이 아직 정비되지 않았던 당시에는 경찰서 유치장에 신변을 구속하는 구류가 굉장히 흔했는데, 나 역시 구류 형을 받고 하루 동안 경찰서 유치장에서 머물렀던 기억이 있다. 팔자에도 없는 범죄자 취급을 받게 된 것이다.

잊을 수 없는
운명의 그날

오이소주라는 게 있다. 이름 그대로 소주에 시원한 오이를 타서 오이의 새큼함이 소주에 배도록 만든 소주인데, 소주 특유의 쓴맛을 오이가 흡수해서 본인이 취하는 줄도 모르고 꿀떡꿀떡 넘어가는 소주다. 매운탕에 오이소주면 밤새도록 술을 마실 수 있을 정도로 부드럽게 넘어가는 소주라 젊은 시절에는 엄청 많이 마셨었다. 장돌뱅이 친구들과 함께 전국을 돌아다니며 오이소주처럼 독특한 메뉴를 개발하기도 했는데, 이 메뉴를 기반으로 호프집을 차린 적도 있었다. 30대가 넘어가면서 장돌뱅이 생활을 더는 하기가 힘들었다. 몸이 힘든 것도 힘든 거였지만, 하루하루 커가는 아이들의 얼굴을 자주 못 본다는 게 내게는 무엇보다 힘든 일이었다.

'이렇게 악착같이 돈 벌어서 뭐하나. 결국 애들한테 다 넘겨줄

텐데, 애들이 나를 기억도 못하면.'

　하루가 멀다하고 지방으로 쏘다니는 통에 갓난아기들이 커 가는 것도 제대로 보질 못했다. 한창 귀여울 때인 1살, 2살이 되었는데, 아이와의 변변한 추억 하나 없다는 사실이 너무 서글펐다. 더 이상 이대로 살아서는 안된다는 생각에 과감하게 장돌뱅이 생활을 접고 다른 일을 모색하기 시작했다. 장돌뱅이 생활을 하면서 그래도 어느 정도의 목돈은 모아놨고, 지방에서 장사를 하면서 장사 노하우도 생긴 시점이었다. 나는 기회가 될 때마다 다양한 사업을 시도했다. 호프집, 음식점, 유통업에 이르기까지. 돈이 되는 일이라면 무엇이든 했다. 그러다 유선방송 회사에 취직을 하게 되었다. 군대에서 통신병으로 근무했었고, 장돌뱅이 생활을 하면서도 전기를 연결해 본 경험이 도움이 되었다. 회사에서 1년 정도 일을 하면서 기술을 배운 나는 본격적으로 내가 직접 유선 방송을 시작해 보려 했다. 처음이니 가볍게 지방 방송국 정도만 운영하려 기업을 설립하고 시스템을 구축했다. 그 과정에서 지역의 유지들과 자주 미팅을 가지게 되었다. 지역에 방송국이 생기는 일은 꽤 큰 일이었기 때문에 직접 투자를 하겠다는 이들도 있었고, 방송국이 개국하면 홍보나 마케팅에 도움을 주겠다는 기자들도 많았다. 그들과 매일같이 술을 마시고, 회식을 했다. 업무 관련 미팅을 할 때는 술을 마시지 않는다는 내 나름의 원칙을 세우긴 했지만, 꼭 업무 관련이 아니더라도 친분이 있는 이들과의 술자리가 많았다. 방송국 개국이 다가올수록 회식은 나날이 많아졌다. 나름 어린 시절부터 술을 마셔왔고, 정신력도 강해 술에 쉽게 취하는 타입은 아니었지만, 술자리가 워낙 많아 하루 종일 취해 있는 상태인 경우가 많았다.

내 인생을 송두리째 뒤바꾼, 운명의 그날도 아침부터 취기가 사그라들지 않았었다. 전날 마신 술이 머리끝까지 차올라 아침부터 헛구역질하던 나는 힘겹게 사무실로 출근했다. 오전 내내 숙취로 힘들어하던 나는 오후에 신문사 기자, 투자자들을 만나 업무 관련 미팅을 하기로 했다. 약속 장소에서 만난 이들과 업무 관련 이야기를 나눈 후, 자연스레 술 이야기가 나왔지만, 나는 정중하게 거절했다. 더 이상 술을 마시다가는 제정신을 유지하기 힘들 것 같았기 때문이다.

"오늘은 자제할게요. 어제 먹은 소주가 아직도 소화되지 않았나봐요. 아직도 머리가 울려서요."
"아, 예. 그러시죠. 다음에 좋은 자리 하면 되니까."

대부분의 투자자들은 그대로 넘어갔지만, 평소 나와 친분이 두터워 둘도 없는 술친구였던 신문사 기자는 계속해서 나를 꼬드겼다. 그 기자는 사회에서 알게 된 지인이었는데, 나보다 술을 더 좋아하고 잘 마시는 사람이었다. 술을 얼마나 좋아하는지, 낮술은 물론이고, 밥 대신 술을 마시는 게 일상이라고 자랑스레 말하는 사람이었다. 그날도 나를 만나기 무섭게 술 한 잔 하자며 나를 꼬시기 시작했다.

"에이, 박 사장님 답지 않게 왜 그러실까. 오늘도 한 잔 해야지."
"아, 안돼. 오늘은 진짜. 너무 힘들어."
"좋아. 그러면 내가 고급 정보 푼다. 저기 성남 넘어가는 길에 술값 엄청나게 싼 데가 있어. 안주 값만 내면 거의 무제한인 수준이야. 내가 이런 정보 어지간하면 안 푸는데, 진짜 박 사장님이라 푸는 거야."

"그래? 그런 데가 있어?"

그때의 나는 그 기자 못지않게 술이라면 사족을 못 쓰는 사람이었다. 기자의 꼬드김에 넘어가 나는 기자의 차를 타고 술값이 싸다는 가게로 넘어갔다. 미팅이 끝난 시간이 거의 10시가 다 된 시간이었기에 도로에도 사람은 많지 않았다. 기자가 자기 차를 타고 가자고 해서 나는 당연히 옆자리에 탔고, 기자가 운전했다. 술집은 차를 타고 한 시간 정도 걸린다고 했다. 차를 타고 가면서 이런저런 이야기를 하던 와중에 기다란 고개에 진입했다. 우리 동네에서 서울로 갈 때 꼭 거치는 도로로 오르막길과 내리막길이 연달아 이어지는 구불구불한 고갯길이었다. 나와 기자가 탄 차량은 2차선 도로를 질주했다. 늦은 밤이라 사람이나 차량이 보이지 않아 차는 제법 빠르게 움직였고, 가로등이 적어 라이트를 최대 밝기로 해 놓았었다. 기자와 시덥지 않은 농담을 주고받으며 고개를 건널 때였다. 별안간 맞은편에서 밝은 빛이 번쩍였다. 처음에는 맞은편에서 오는 차량이라고 생각했지만, 빛이 이리저리 흔들리더니, 눈이 부실 정도로 강해졌다. 달려오는 차량이 차선을 추월하면서 우리 차를 정면으로 바라보고 있었던 것이다.

"이, 이게 뭐야. 저 차가 왜! 저리 가!"

옆에서 운전을 하던 기자가 큰 소리로 고함을 치고 클락션을 울렸지만, 맞은편 차량은 우리 차를 보지 못한 것인지, 오히려 속도를 더 높이고 있었다. 기자가 비명을 지르며 핸들을 급하게 꺾었다. 지금은 어지간히 큰 도로에는 모두 가드레일이 존재하고, 중앙에는 충격을 흡수하는 분리대도 있지만, 당시에는 허허벌판에 콘크리트 하나만 깔고 옆에 큰 나무를 세운 것이 도로의 전부였다. 중앙 분리대는 물론이고 중앙선도 흐릿해서 알아보기가 힘들 정도였다. 도로 양옆에는 성인 남자가 두 명이 껴안아야만 간신히 줄기가 잡힐 정도로 거대한 나무들이 쭉 늘어서 있었다. 2차선 도로에서 급격히 핸들을 꺾자, 우리가 탄 차는 그대로 도로 옆에 있는 나무와 부딪쳤다. 우지직, 쾅 하는 소리와 함께 나는 앞 유리창을 뚫고 튀어 나갔다. 그때만 해도 안전벨트 착용이 의무가 아니었기 때문에 나 역시 안전벨트를 착용하지 않은 상태였다. 허공으로 튕겨져 나가면서 나는 주마등을 경험했다. 지금껏 내가 살아온 인생, 우리 가족들, 기억나는 이름들과 기억해야 할 이름들. 지나온 삶이 순식간에 파노라마 필름처럼 뇌리를 스쳐 지났다. 기뻤던 일들, 슬펐던 일들, 후회되는 일과 잘한 일들. 모든 일들이 그 짧은 시간에 떠올랐다가 사라졌다. 나무와 부딪친 차는 그대로 우그러졌고, 튕겨 나간 나는 도로 옆 논두렁에 목부터 떨어지고 말았다.

그 당시 나는 뼈 부러지는 소리와 함께 정신을 잃었지만, 의료진들 말로는 병원에 옮겨질 때까지 정신이 있었다고 한다. 함께 차에 탑승해 있던 기자는 눈가 일부가 찢어진 것 외에는 큰 외상이 없었다. 기자는 재빨리 구급차를 불러 나를 가까운 병원으로 옮겼다. 당시 나는 외겉으로 보이는 큰 외상이 없었고, 허벅지와 옆구리, 발목 쪽에 길게 찢어진 상처와 자잘한 찰과상 뿐이었다. 일단 눈에 보이는 상처가 없어 응급실에서 발목에 찢어진 상처를 꿰매기 시작했는데, 워낙 급해 마취를 하지 못하고 생살을 꿰매는데도 내가 아무런 소리를 내지 않았다. 병원에서는 이걸 보고 뭔가가 이상하다고 생각했다고 한다. 보통 생살을 꿰매게 되면 아무리 의식이 없는 환자라도 고통에 신음을 내거나 깨는 게 상식이었다. 그런데 나는 마치 잠이라도 든 것처럼 평온한 표정으로 살을 꿰맬 때까지 아무 소리도 내지 않았다는 것이다. 심지어 사람이라면 당연히 반응해야 할 조건반사 반응도 나타나지 않았다. 정신을 잃은 환자에게 감각이 있냐고 물어볼 수도 없어 곧바로 나는 성남에 있는 큰 병원으로 옮겨졌다.

"두개골이나 뇌는 멀쩡합니다. 그런데 목에 있는 경추가 골절되면서 신경이 끊어졌습니다. 지금 당장 숨이 붙어 있기는 한데, 아마 미음의 준비를 하셔야 할 수도 있습니다."

우리 아내가 옮긴 병원에서 정밀검사를 하고 처음 들은 이야기였다. 직접 나와 설명해 주는 원장의 설명을 듣고 아내는 그대로 혼절했다고 한다. 당시 나는 31살, 아내는 30살. 큰 애가 4살이었고, 둘째를 임신 5개월인 상태였다. 세상이 무너지는 기분이었다고 한다. 오롯이 나만 믿고 함께 어려운 일도 이겨내며 아득바득 살아가고 있었는데, 남편이 하루아침에 생을 마감하게 생겼다니... 나라도 견디기 힘들 고통이었을 것이다. 확신에 찬 병원 의사들의 진단에 우리 가족들은 장례식장을 미리 잡아놓고 소복까지 준비해 뒀다. 실제로 나는 당시 저승 문턱까지 다녀왔었다.

꿈처럼 아련하게 떠오르는 기억인데, 사고를 당해 정신을 잃었을 때, 내가 처음 기억하는 장소는 파란 잔디가 길게 이어진 아름다운 들판이었다. 보기만 해도 마음이 평온해지는 푸른 초목들이 눈이 닿는 모든 곳에 길게 이어져 있었고, 들판 군데군데 동그란 산소가 우뚝 솟아 있었다. 지금 생각하면 을씨년스럽고 섬뜩할 만한 광경인데, 이상하게 그때는 그 광경이 너무나 아름답고 평화로워 보였다. 아무것도 없는 평원에 산소만 있고, 하늘은 구름 한 점 보이지 않을 정도로 맑았다.

쨍한 햇빛에 눈이 부셔 눈을 잠깐 감았다 뜨자, 평원 사이로 긴 아스팔트 길이 나타났다. 끝이 보이지 않을 정도로 길게 평원을 가로지르는 아스팔트 양옆에는 가지각색의 꽃이 색깔별로 흐드러지게 피어 있었다. 빨간색, 파란색, 노란색, 보라색, 흰색, 심지어 검정색 꽃까지 보였다. 왜인지 모르게 그 길을 걸어가야만 할 것 같은 기분에 천천히 길을 따라 걸음을 옮겼다. 아스팔트의 꺼끌꺼끌한 촉감이 고스란히 발에 느껴졌고, 귓불과 모공을 스치는 시원한 바람이 기분 좋게 불어오고 있었다. 그렇게 얼마나 걸었는지 모르겠다. 꽤 오랜 시간을 걸었는데 전혀 힘들지 않았고 오히려 앞으로 계속 걷고만 싶었다. 그때, 길 맞은편에 하얀색 소복을 단정하게 차려입은 긴 머리의 여자가 나타났다. 현실에서 봤으면 섬뜩할 만한 광경이었겠지만, 저승에서 만난 여자는 왜인지 모르게 친근감이 느껴졌다.

"박광석, 박광석, 박광석. 너는 아직 올 때가 안 되었다. 돌아가라."

여자는 나를 가리키더니 조용하지만 분명한 목소리로 이렇게 말했다. 여인이 손짓하는 순간, 나는 어딘가로 끌려가는 기분이 들더니, 눈이 번쩍 떠졌다. 사고가 나고 정확히 17일 만의 일이었다. 여담으로 독실한 불교 신자였던 어머니도 나 때문에 크리스천이 되셨다. 우리 어머니는 어릴 때부터 절을 정말 열심히 다니신 절실한 불교 신자셨다. 명절이나 제사를 지낼 때면 어떻게든 시간을 내서 절을 방문하셨고, 힘든 일이 있을 때도 부처님께 기도를 드렸었다. 목사이신 작은 아버지와는 일부러 종교 이야기를 꺼내지 않고 데면데면하게 지냈었는데, 장남인 내가 사경을 헤매게 되자, 작은 아버지가 먼저 어머니에게 교회를 나가보는 게 어떻냐는 제안을 하셨다.

"형수. 내가 그동안은 가족된 도리로 전도하지는 않았는데요. 광석이가 저렇게 되었으니, 지금부터라도 하나님에게 기도드리는 게 어떻습니까."

"교회를 나가고 하나님에게 기도를 드리면, 우리 광석이가 돌아온답니까?"

"그럼요. 당연하죠. 진심을 다해서 기도드리면 하나님께서 들어주실 겁니다."

"좋습니다. 우리 광석이만 살려주면 내가 못할 일이 뭐가 있겠습니까. 내일이라도 광석이 돌아오면 당장에 교회 나가고 기도도 드리죠."

"좋아요. 약속한 겁니다?"

내가 정신을 잃은 사이에 작은 아버지와 어머니는 이런 내기를 했다고 한다. 그리고 그 내기의 결과로 내가 정신을 차리자, 어머니는 정말 크게 기뻐하며 그 길로 교회를 다니셨다. 나 때문에 종교를 바꾸신 셈이다. 어머니는 그동안 못한 신앙생활을 몰아서 하시려는지, 누구보다 열심히 교회를 나가셨고, 신앙생활에도 진심이셨다. 어머니는 내가 깨어난 날 이후, 생애 마지막 순간까지 세상에 복음과 행복을 전하는 권사님으로 생을 마감하셨었다.

아직도 처음 눈을 떴을 때의 생경함을 나는 똑똑히 기억한다. 병원 특유의 소독약 냄새와 의료기기가 돌아가며 내는 약한 전자음. 그리고 앞으로 지긋지긋하게 바라보게 될 병원의 천장까지. 나는 중환자실에서 눈을 떴다. 분명 정신을 차렸고, 눈도 떴으며, 냄새까지 맡아졌지만, 신기하게도 목 아래로는 어떤 감각도 없었다. 그때까지만 해도 나는 온몸에 붕대를 감아놔서 몸을 움직이지 못하는 줄 알았다. 내가 정신을 차렸다는 소식이 알려지면서 가족들과 의료진들이 함께 나를 찾아왔다.

"다행히 고비는 넘기셨는데요. 여전히 목뼈는 부러진 상태 그대로입니다. 신경도 끊어져서 아마 감각이 없을 겁니다. 안타깝지만...회복될 가능성은 제로에 가깝습니다."

"수, 수술은, 그래도 수술하면 좀 낫지 않을까요?"

"뼈가 이미 신경을 끊어놨어요. 끊어진 신경을 잇는 수술은 없습니다."

의사는 부모님과 아내가 있는 앞에서 험한 소리를 아무렇지도 않게 했다. 나 역시 놀라긴 했지만, 현실감이 없었다. 하루아침에 전신이 마비가 되었다는데, 그 말을 아무렇지 않게 받아들일 사람이 어디 있겠는가. 그런데 생각보다 나는 담담했다. 나도 왜 그런지는 알 수가 없었지만, 이상하게도 며칠만 지나면 금방이라도 일어날 수 있을 것만 같았다. 아니, 마치 그 순간이 꿈만 같았다. 잠들었다가 깨면 이 모든 게 환상이고 나는 평소처럼 일어나 아무렇지 않게 걸어 다닐 수 있을 것만 같았다. 하지만 하루가 지나고, 이틀이 지나고, 일주일이 지나도 내 몸뚱어리는 말을 듣지 않았다. 내가 답답한 건 고개조차 돌릴 수 없는 이 상황이었다. 아침에 눈을 뜨면 멍하니 천장을 바라보고 있는 하루가 시작된다. 그때는 얼굴을 좌우로 움직일 수도 없어 눈만 껌뻑거려야 했다. 중환자실에서는 목이 꺾일 수 있다며 이마 부근에 5kg, 혹은 10kg 정도 되는 추 같은 구조물을 놓아두었는데, 이게 처음에는 괜찮다가 시간이 가면 갈수록 아팠다. 추를 놓은 이마는 물론이고 뒷목과 정수리가 미친 듯이 아팠다. 여기에 몸을 움직일 수 없게 된 울분이 더해져 나도 모르게 욕지거리가 튀어나왔다.

"아! 좀! 이것 좀 치우라고! 아파 죽겠다고! 이런 쌍!"

하루 종일 천장을 바라보다가 간호사들에게 성질을 내고, 아내와 부모님을 원망하는 고통의 시간이 이어졌다. 2주 정도가 지나자, 스스로의 처지를 그제야 인정하고 받아들일 수 있게 되었다. 그와 동시에 어떻게 살아야 하는지에 대한 회한과 절망이 파도처럼 엄습했다. 몸이 멀쩡할 때의 나는 언제나 자신감이 넘치고 세상에 두려운 것이 없었다. 수중에 돈 한 푼 없을 때도 나는 재능이 있고 활력이 넘쳤기에 언제 어디서든 우리 가족을 건사할 자신이 있었다. 무슨 일이든 주어지면 최선을 다하고, 일이 없으면 만들어서라도 할 수 있는 번뜩이는 기지가 내게는 있었다. 그런데 온몸을 꼼짝 못하는 상태에서 평생을 살아가야 한다고 하니, 먹고 살 일이 막막했다. 가족들을 지켜야 할 가장이 가족들에게 무엇보다 큰 짐덩이가 될 수밖에 없다는 생각에 눈앞이 깜깜해졌다. 하루에도 몇 번이나 죽고 싶다는 생각이 들었다. 몸이 아프니 자연스레 짜증이 많아졌고 할 수 있는 게 소리치는 것 뿐이라 하루 종일 소리를 치는 날도 있었다.

"자, 잠깐. 이게 무슨 냄새야. 나, 나 설마 지린거야?"

무엇보다 견디기 힘든 건 수치심이었다. 온몸에 감각이 없으니 당연히 똥오줌을 가릴 수가 없었는데, 최악인 건 목 위의 감각은 남아 있어서 냄새는 고스란히 전해진다는 것이다. 30대 초반. 남자로서의 자신감이 한창 풍부할 시기에 소변과 대변을 가리지 못한다는 게 내게는 너무나 큰 충격이었다. 가족들이 대, 소변을 받아내고, 시간이 있을 때마다 와서 함께 기도하고 위로해 주었으나, 무너진 좌절감, 절망감은 쉽게 회복되지 않았다. 이렇게 사느니 차라리 죽는 게 낫다는 생각과 그래도 나를 믿고 지켜봐 주는 가족들을 위해 힘을 내야 한다는 생각이 하루에도 몇 차례나 번갈아 떠올랐다. 당시 나는 중환자실에 머물고 있었는데, 그곳의 분위기도 오묘했다. 주기적으로 들리는 차분한 기계음, 간혹 가다 들리는 간호사들과 의사들의 밀소리. 여기에 면회 시간만 되면 들리는 다른 가족들의 울음과 슬픔이 내게까지 전염되는 것 같았다.

  중환자실에는 여러 명이 누워 있었는데, 대부분이 금방이라도 숨이 넘어갈 것 같은 환자들이었다. 나는 한 달 가량 그곳에 있었지만, 그 짧은 시간에도 옆에 있는 다른 환자들의 모습이 바뀌었다. 나는 고개를 돌리거나 들 수 없어 환자들의 모습을 확인할 수는 없었지만, 옆에서 들리는 가족들의 목소리, 분주해지는 의료진들의 소리를 통해 환자들의 상태를 짐작할 수 있었다. 상태기 호전되이 일빈 병실로 옮기는 환자들도 있있지만, 꽤 많은 환자들이 죽어서 병실을 빠져나갔다. 매일 매일 옆에서 사람이 죽는 광경을 실시간으로 듣고 있자니, 죽을 맛이었다. 갑자기 기계가 멈추는 소리가 들리고, 간호사들과 의료진들이 소리를 지르며 달려가고. 얼마 있다가 다시 조용해지는 그 전쟁같은 일상을 귀로 들으며 내가 지금 생과 사의 경계에서 외줄을 타고 있다는 생각을 했다. 그와 동시에 언제 내가 저 사람처럼 죽을지 모른다는 두려움이 엄습했다. 정신이 말짱하고 조금씩 몸이 회복하고 있었지만, 의사는 통증이 없어 본인이 자각하지 못할 뿐, 몸 상태가 그리 좋은 건 아니라고 단언했었다. 사람이 죽어 나가는 걸 직접 듣고 목격한 날은 잠을 잘 수가 없었다. 눈을 감으면 나 역시 그대로 생을 마감할 것만 같았다. 잠들지 않기 위해 기를 쓰고 버티다가 나도 모르게 잠깐 눈이 감기면 소스라치게 놀라며 일어났다. 끊임없이 쏟아지는 잠을 어떻게든 이겨내겠다고 계속 알 수 없는 소리를 지껄였고, 5분, 10분 이상 잠들지 않으려 애를 썼다.

"여기서 이렇게 있을 게 아니라 죽을 때 죽더라도 서울에 있는 큰 병원에서 검사 한 번은 받아 봅시다. 이대로는 내가 포기가 안 돼서 그래."

그렇게 한 달이 지났을 무렵, 눈물로 하루를 지새우던 아내가 내게 말했다. 그때쯤이면 무기력이 극에 달했던 나는 멍한 표정으로 고개를 끄덕였다. 그것 말고는 할 수 있는 게 없었다. 아내는 가족들과 상의해 나를 서울에 있는 큰 병원으로 이송했다. 지방에 있는 이 병원에서는 신경이 끊어졌다는 식물인간 진단을 받았지만, 우리 가족들은 엑스레이가 잘못 찍혔을 수도 있고, 의사가 잘못 봤을 수도 있다는 실낱같은 희망을 놓지 못했다. 아내의 고집으로 결국 병원을 이송했다. 이미 아내가 충분히 이야기를 했는지, 새로 온 병원에서는 나를 보자마자 이런저런 검사를 진행했다. 엑스레이와 MRI를 찍었으며, 하루에도 몇 번씩 의사가 왔다 갔다. 그렇게 며칠이 지났을까. 가족들을 모두 모아놓은 자리에서 의사가 입을 열었다.

"음...이게 다른 병원에서 내린 진단이 있어서 저희도 조심하면서 몇 차례나 확인해 봤는데요. 아무리 봐도 식물인간이라고 진단히기에는 무리기 있습니다."
"네? 그, 그럼."
"제가 보기에는 신경이 절단된 게 아니라 눌린 것 같아요. 어떻게 설명을 그려야 할까. 아. 긴 호스를 중간에 이렇게 직각으로 꺾으면 물이 안 나오잖아요. 그거랑 같은 상황입니다. 골절이 되면서 뼈가 신경을 꾹 눌러서 뇌의 신호가 몸에 전달이 안 된거죠."
"저, 전에 병원에서는 신경이 완전히 끊어졌다고 했는데요. 엑스레이 보면서 끊어진 걸 직접 확인까지 시켜줬어요."
"그래요? 그럼 그 병원의 엑스레이 기록을 가져와 보세요. 저희가 다시 확인해 볼게요."

희망적인 의사의 말에 아내는 재빨리 예전 병원으로 가서 엑스레이 기록을 요청했다. 나 역시 그 자리에 함께 있었지만, 별 감흥은 없었다. 이제 와서 신경이 눌렸는지, 끊겼는지가 무슨 소용이란 말인가. 그래 봐야 몸을 움직일 수 없는 장애인 신세인 것은 달라지지가 않았는데. 무기력에 빠진 나를 위해 목사인 작은 아버지는 매일 나를 찾아오셨다. 고개도 돌릴 수 없는 내게 작은 아버지는 하루도 빠짐없이 방문하셔서 성경 한 구절씩을 적어서 가지고 오셨다. 아예 내가 읽을 수 있도록 성경을 한 페이지씩 필사해서 머리맡에 두기까지 하셨었다. 한편, 아내가 가져온 엑스레이 기록을 살펴본 의사는 고개를 갸웃거리며 말했다.

"어? 이 엑스레이에서는 확실히 신경이 끊어진 걸로 나오는데요? 아마 제가 진단했어도 똑같이 신경이 끊어졌다고 말할 겁니다."

"그래요? 끊어진 신경이 그 사이에 어떻게 붙은 걸까요? 한 거라고는 병원을 옮긴 것밖에 없는데."

"허. 글쎄요. 이건 뭐, 기적이라고밖에 설명할 길이 없네요. 뭐, 어쨌든 환자분 입장에서는 좋은 일이라고 생각하세요. 끊어졌던 신경이 눌린 거에 불과하니까. 재활 정도에 따라서 일상생활은 가능할 정도까지 회복하실 수도 있습니다."

기나긴 터널을 지나
다시 일상으로

신경이 살아날 가능성이 있다는 의료진의 설명에도 한 번 꺾인 내 의지는 쉽게 되살아나지 않았다. 아내가 옆에서 울고 불고 난리를 치고, 부모님이 애달픈 목소리로 간절히 애원하셔도 살아야겠다는 마음은 쉽게 들지 않았다. 어쩌다 생에 대한 미련이 떠오르다가도 이렇게 살아서 뭐 하나 하는 부정적인 생각이 꼬리에 꼬리를 물고 이어졌다. 사지가 멀쩡할 때 워낙 왕성하고 활동적인 삶을 살아왔기에 나 스스로 장애인의 삶을 받아들이기가 쉽지 않았다. 주변에서 아무리 설득하고 소리쳐도 소용이 없었다. 의사들 역시 스스로 의지를 불태우지 않으면 재활은 큰 효과를 볼 수 없다며 우려의 목소리를 보냈지만, 나는 들은 척도 하지 않았다. 작은 아버지는 끊어졌던 신경이 다시 붙은 건 하느님의 은총이라며 남은 생을 더욱 은혜롭게 살아야 한다고 하셨지만, 살면서 장애인의 삶을 고민해 본 적 없는 내게는 너무나 뜬구름 잡는 이야기였다. 무엇보다 나는 살면서 단 한 번도 약자가 된 적이 없었다. 공부는 잘 하지 못했지만, 운동을 잘해서 학교에서도 인기가 많은 편이었고, 성격이 드세고 강단 있어서 어느 조직을 가든 리더를 하거나 주목을 받는 편이었다. 그런 내가 하루아침에 사회에서 가장 약자라고 할 수 있는 장애인이 된다는 사실이 믿기지 않았다. 아니, 머리로는 이해한다고 해도 가슴이 그 사실을 받아들이지 못했다.

매일 매일 가족들과 기묘한 신경전이 이어졌다. 가족들은 어떻게든 내게 삶의 의지를 북돋아 주려 노력했다. 장애인으로 성공한 사람들의 이야기를 내게 들려주면서 나도 할 수 있다고 용기를 주었고, 사고로 장애를 가지게 되었으면서도 꾸준히 노력해 역사에 이름을 남긴 이들의 이야기도 들려주었다. 그들의 이야기가 아주 조금, 위로가 된 적도 있었지만, 근본적인 변화를 이뤄내지는 못했다. 그때까지도 나는 삶보다 죽음을 더 가깝게 느끼고 있었다. 그러던 어느 날, 평소와 마찬가지로 하루 종일 눈을 뜬 채 병원의 천장을 바라보다가 얼핏 선잠이 들었다. 분명 눈을 감고 있고 의식이 명료하지 않은데 마치 꿈결처럼 주변의 말소리와 소음들이 아련하게 들려왔다. 잠이 든 것도, 깨어 있는 것도 아닌 기이한 상태에서 사고가 났을 때 등장했던 주마등을 또다시 마주했다. 그때와 마찬가지로 필름처럼 내 31년 인생이 쭉 지나갔다. 어린 시절 동생들과 땡볕에서 농사일 하던 기억, 학교에서 친구들과 사소한 농담을 하며 실컷 웃어 제끼던 추억, 가출을 하고, 이곳저곳을 돌아다니며 취직을 하고 장사를 하기까지. 나를 스쳐 지나갔던 지인들의 얼굴이 여름밤의 반딧불처럼 하나씩 툭툭 튀어나왔다. 그리고 마지막으로 우리 가족들의 얼굴이 떠올랐다. 지금도 만삭의 몸으로 내 병수발을 들고 있는 불쌍한 아내, 평생 고집 세고 속만 썩이는 자식 때문에 편히 잠들 날이 없으신 어머니, 겉으로는 무심한 척하지만, 속으로는 누구보다 나를 아껴주는 아버지. 그리고, 이제 막 3살이 되어 아빠 엄마를 찾기 시작한 첫째 아이까지. 소중한 이들의 얼굴이 태양처럼 밝게 빛나며 허공으로 떠올랐다.

'그래. 내가 저 사람들을 두고 죽을 수는 없지. 생각을 고쳐 먹자. 내 나이 이제 고작 31살이다. 지금 죽기에는 내 인생이 너무 아깝지 않냐. 살자. 살아야겠다.'

그날 이후로 나는 뒷일은 나중에 생각하기로 하고 일단 재활에 집중했다. 재활을 시작한다고 해도 당장 움직이는 곳은 목 위 얼굴 근육 뿐이었기 때문에 사실상 나 대신 가족들, 특히 아내가 고생이란 고생은 다했다. 식물인간 상태나 다름없는 나의 소변과 대변을 모두 받아내는 건 물론이고 심심하거나 의지가 꺾이지 않도록 하루 종일 옆에서 말동무도 해주었다. 물리치료를 할 때도 땀을 빼는 건 결국 아내였다. 아예 움직이질 못하는 나는 재활 치료를 하러 가려면 누군가가 움직여 줘야 했다. 나는 가만히 누워

있고, 아내와 간호사 두어 명이 침대를 조작해 통째로 끌고 가거나, 아니면 나를 다른 침대로 옮겨서 움직이는 식이었다. 물리치료를 가서도 내가 하는 건 없었다. 치료사 선생님이 팔과 다리를 열심히 움직이며 온갖 자극을 줬지만, 애초에 아무런 감각이 없는 나는 치료사 선생님의 행동이 뭘 의미하는지도 모르는 채 멀뚱멀뚱 눈만 껌벅거리다 오는 날이 이어졌다. 지금 생각하면 아내와 가족들이 대체 어떻게 견뎠는지 모를 정도로 힘들고 막막한 나날이었다.

그 와중에 아내는 출산까지 했다. 사고가 날 때 아내는 임신 5개월 차였다. 배가 점점 불러오면서도 내 걱정에 잠 못 이루던 아내는 내가 재활 의지를 피력하자, 그때부터 자신의 몸을 돌보지 않고 내 뒷바라지를 했다. 누워서 이게 하고 싶다, 저게 하고 싶다. 말만 하면 임산부의 몸으로 여기저기 쏘다니며 내 뒤치다꺼리를 했다. 물리 치료를 하는 재활실에까지 따라와 직접 도움이 되는 운동이나 치료를 배워가겠다며 소란을 피우기도 했다.

"선생님. 혹시 병실에서 할 수 있는 운동은 없을까요? 가만히 누워 있는 것보다는 뭐라도 하는 게 좋잖아요."
"음...아무래도 안마를 계속해서 자극을 주는 게 좋죠. 따뜻한 물로 몸을 닦아주면서 특히 손 발 끝에 자극을 주면 좋아요. 그런데...이제 만삭이신 것 같은데, 괜찮으시겠어요? 다른 보호자 분

오시면 제가 알려드릴게요."

"아니에요. 괜찮아요. 남편 재활하면서 저도 같이 운동하고 좋죠, 뭐."

치료사 선생님에게 간단한 안마를 배워 온 아내는 하루 종일 내 옆에서 팔과 다리는 물론이고 손끝과 발끝도 주물렀다. 시간이 될 때마다 따뜻한 물에 적신 수건을 가져와 온몸을 닦는 일도 거르지 않았다. 만삭이 된 몸으로 땀을 뻘뻘 흘리며 나를 간호하는 아내였지만, 천장만 바라보고 있는 나는 그런 아내의 모습조차 눈에 새길 수 없었다. 그렇게 재활을 시작한 지 몇 개월이 지났을까. 내가 입원해 있는 병원에서 아내는 둘째를 낳았다. 큰 병원이라 산부인과도 있었기에 가능한 일이었다. 남편은 6층에서 재활을 하고 아내는 3층에서 아이를 낳는, 진풍경이 펼쳐진 것이었다. 출산을 할 때는 처제가 와서 나를 돌봐줬지만, 처제도 가정이 있고 할 일이 있었기에 아내는 출산 3~4일 만에 다시 나를 간호하러 6층으로 올라왔다. 출산을 한 여인이 몸조리도 못하고 바로 중증 환자 간호를 한다는 게 얼마나 힘든 일인지, 나는 똑똑히 기억한다.

아내는 하루에도 몇 번씩 화장실을 갔다. 요실금과 변비 증상이 같이 왔고, 자궁이 수축하면서 산후통이 생겨 하루 종일 앓는 소리를 냈다. 제대로 앉아있지도, 서 있지도 못했으며 우울증이 겹쳐 시도 때도 없이 눈물을 보였다. 본인이 그렇게 힘든 시간을 보내면서도 아내는 나를 지극정성으로 간호했다. 눈물이 마르지 않아 눈가가 벌겋게 달아오르고 눈물 자국이 짙게 남은 얼굴이 너무 안타까워 나 역시 눈물을 흘린 적이 많았다. 둘째 아이에게도 미안함이 크다. 큰 애는 낳았을 때 엄마가 잘 케어하고 젖도 잘 물려서 성인이 될 때까지 덩치도 크고 건강했지만, 둘째는 갓난아기일 때, 아내가 날 간호하느라 할머니 손에서 큰 탓인지 어린 시절에는 빼빼 마르고 잔병치레도 많았다. 그게 다 갓난아기일 때 젖을 물리지 못해서인 것 같아, 둘째를 볼 때마다 나는 마음이 참 안 좋았다. 물론 지금은 어지간한 성인보다 덩치가 좋아 든든한 자식 중 하나다.

만삭의 몸으로, 산후조리까지 뒤로 하고 나를 간호한 아내의 지극정성에도 불구하고 내 몸뚱어리는 움직일 생각을 하지 않았다. 화가 치밀어올라 아내에게 손발을 꼬집어 보라고 이야기하기도 하고, 아예 날카로운 물건으로 쿡쿡 찔러보라고까지 말해봤지만, 감각은 여전히 돌아오지 않았다. 재활 의지를 피력하고 한 달 동안은 정말 최선을 다했지만, 시간이 가면 갈수록 의지는 줄어들기 시작했다. 의사는 신경이 눌린 것이라 꾸준히 재활을 하면 신경이 다시 펴지면서 회복할 가능성이 있다고 했으나, 내 사지는 움직일 생각을 하지 않았다. 무슨 짓을 해도 감각이 돌아오질 않으니 나 스스로도 재활 가능성을 믿을 수 없었다. 처음에는 의지가 줄어들다가 나중에는 화가 나기 시작했다. 미안함과 무력감에서 비롯된 분노였다. 내가 혼자 힘으로 재활이 가능한 상태라면 그렇게까지 화가 나지는 않았을 것이다. 그런데 당장 아내가 본인의 건강을 해치면서까지 내 재활에 도움을 주고 있는데, 성과가 전혀 눈에 보이질 않으니, 화가 치밀어올랐다. 애꿎은 아내와 가족들에게 화를 내는 날이 많아졌고, 사소한 일에도 예민하게 반응하는 나날이 이어졌다.

그렇게 5개월 정도가 지났을 때였다. 하루는 목사이신 작은 아버지가 처음 보는 사람과 함께 나를 방문했다. 머리가 하얗게 센 나이기 좀 들이 보이는 중년의 남성이있는데, 시종일관 인자한 미소를 보이며 행동 하나하나가 정갈하고 조심스러운 사람이었다. 그 시절의 나는 마치 고슴도치가 가시를 바짝 세우고 있는 것처럼 주변 사람들에게 독한 말을 아무렇지 않게 내뱉는 사람이었다. 몇 개월간의 재활에도 성과가 없자 예민함이 극에 달해 있었고 눈만 마주쳐도 신경질을 내며 화를 내는, 인간 수류탄이나 다름없는 상태였다.

"광석아. 여기 서울에서 유명한 목사님 모셔왔다. 네 이야기 들으시더니, 본인이 꼭 만나보셔야겠다고 하더구나."
"안녕하세요. 성도님. 안수태라고 합니다. 반갑습니다."
"아, 예. 안녕하세요. 기도하러 오셨다고요? 별로 소용은 없을 텐데. 뭐, 마음대로 하세요."

까칠하고 날이 선 내 대꾸에도 그 목사님은 여전히 하회탈같은 미소만을 보낼 따름이었다. 그날 이후로, 목사님은 하루도 빼놓지 않고 저녁 7시만 되면 나를 찾아와 감각이 없는 내 손을 잡고 기도를 해주셨다. 어떤 날은 작은 아버지와 함께 오시기도 하고, 급한 일이 있을 때는 사모님이나 전도사님과 함께 오셔서 내 기도를 하고 볼일을 보러 가시기도 했다. 나중에 대체 왜 내게 그렇게 정성을 들여 기도를 해주었느냐 물어보니 작은 아버지의 간곡한 요청도 있었지만, 마치 시체처럼 퀭한 눈을 하고 있는 내게서 알 수 없는 빛과 가능성을 봤기 때문이라고 답하셨다. 상처 입은 살쾡이가 잔뜩 털을 세우고 발톱을 휘두르는 것처럼 주변에 있는 사람을 밀어내고는 있지만, 그 안에 주변 사람에 대한 미안함과 애정이 깃들어있음을 본인은 봤다는 것이다.

목사님이 방문하고 한 달이 지난 무렵, 그날도 열심히 기도를 하시는데, 나도 모르게 왼쪽 어깨 한쪽이 꿈틀하고 움직였다. 순간적인 반응이었고, 아주 찰나에 불과한 순간이었지만, 나는 분명 움찔하는 그 감각을 느꼈다. 놀란 눈으로 다급히 목사님을 불렀다.

"목사님, 목사님! 저, 저 방금 어깨가 조금 움찔한 것 같아요! 하, 한 번만 꼬집어 주세요."

놀란 목사님이 어깨를 살짝 꼬집었다. 여전히 아무런 감각도 느껴지지 않았지만, 아주 미약하게 통증이 느껴지는 것도 같았다. 집중하지 않으면 느낄 수 없을 만큼 작은 감각에 불과했지만, 분명 무언가 느껴지는 게 있었다. 사고를 당한 지 거의 반년 만에 느껴보는 내 신체의 감각이었다. 눈물을 좍좍 흘리며 아내와 함께 목사님의 손을 잡고 감사의 기도를 올렸다. 나중에 목사님에게 들은 이야기인데, 사실 그날, 목사님은 기도하는 와중에 하늘에서 거대한 불구덩이가 내 팔로 떨어지는 걸 느꼈다고 한다. 전국의 힘겨운 이들을 위해 기도를 다니는 목사님이라 종종 그런 일들이 벌어지시만, 자칫 잘못하면 괜힌 희망을 주는 꼴이 될 수도 있어서 당시에는 말하지 않았다고 한다. 목사님의 기도 때문인지, 아니면 아내의 정성 어린 간호가 효과를 보게 된 것인지 모르겠지만, 그날부터 어깨가 아주 조금씩 움직이기 시작했다. 목사님은 팔을 움직이게 한 다음부터는 방문하지 않으셨다.

내 몸이 정말 미세하지만 의지대로 움직이고 있다는 걸 알게 된 다음부터 나는 삶에 대한 의지를 불태웠다. 그전에도 살겠다는 일념으로 비슷한 사고를 당한 다른 환자들과는 달리 정말 열심히 먹었었다. 나처럼 히루이침에 사고를 당한 사람들은 삶에 대한 의지가 순식간에 꺾이고 스스로 마음을 세우지 못하는 경우가 많다. 삶에 대한 의지가 적나라하게 나타나는 것이 바로 체중이다. 몸이 마음대로 움직이지 않고, 마음도 피폐해지면 입맛이 싹 사라지며 음식을 입에도 대기 싫어진다. 게다가 음식을 먹을 때도 보호자가 직접 침대를 조작해 세운 뒤, 수저로 음식을 퍼주면 받아먹어야 하는데, 그 모습이 너무나 비참해 스스로 음식을 거부하는 이들이 많다. 실제로 나와 같은 병실에 있었던 젊은 사람은 나보다 조금 늦게 사고를 당해 전신 마비로 입원했는데, 불과 한두 달도 안 되는 짧은 시간에 사람이 반쪽이 되어 뼈만 남았었다.

반면, 나는 사고를 당하기 전과 거의 비슷한 체중을 유지하고 있었다. 당연히 침대에만 누워있기 때문에 체중이 조금 줄어드는 건 어쩔 수 없었지만, 그래도 눈에 보일 정도로 살이 빠지거나 피폐해지지는 않았다. 그 비결은 어마어마한 식사였다. 삶에 대한 의지를 불태운 뒤로 나는 마구잡이로 밥을 먹어댔다. 의사 선생님이 밥을 잘 먹어야 재활도 빠르다는 이야기를 했기 때문이기도 했지만, 사실 내가 할 수 있는 일이 그것뿐이었다. 아내에게 계란을 삶아달라고 해서 하루에 10개 넘게 먹기도 하고, 고기도 기회가 될 때마다 먹었다. 그럴 때마다 아내는 귀찮아 하면서도 잘 먹으니 좋다며 함박웃음을 지었다.

밥을 잘 먹었기 때문일까. 어깨가 움찔한 다음부터는 하루가 다르게 몸이 회복되는 게 느껴졌다. 하루는 어깨가 한 번 움찔했으면, 다음 날은 두어 번 움찔거렸고, 다음 날은 반대쪽 어깨에서 미약한 통증이 느껴졌다. 또 며칠 뒤에는 손가락이 움찔거렸고,

혼자 팔을 반절 정도 들어 올릴 수 있을 정도가 되었다. 고개도 아주 조금씩 돌릴 수 있게 되었다. 여전히 목 전체가 뻣뻣해서 좌우를 완전히 바라볼 정도는 아니었지만, 하루에 1cm, 2cm씩 고개가 돌아갔다. 몸이 조금씩 좋아지자, 그것만큼 행복한 일이 없었다. 아침에 눈을 뜨면 오늘은 또 어디가 얼마나 움직일까 기대하는 마음이 생겼고 행복한 상상을 하며 하루를 시작했다. 몇 달이 더 지나자, 이제는 팔과 어깨를 비롯한 상반신을 자유자재로 움직일 수 있게 되었다. 팔을 움직이면서 휠체어를 탈 수 있었고, 활동 반경이 엄청나게 넓어졌다. 휠체어에 앉으려면 여전히 아내니 보호시를 귀찮게 해야 했지만, 일단 휠체어에 있으면 나 혼자 병원 곳곳을 돌아다닐 수 있을 정도는 되었다.

 움직일 수 있다는 사실이 너무 행복해 휠체어를 타고 병원을 누볐다. 복도는 물론이고 병원 각 층, 옥상과 병원 앞에 마련된 정원까지. 하루 종일 휠체어를 타고 쏘다니는 게 내 일과가 되었다. 예전과 비교할 수는 없지만, 그래도 활동적으로 움직이기 시작하자, 고슴도치처럼 뾰족했던 성격도 많이 유해졌고 예민함도 사라지기 시작했다. 병원 전체를 내 집처럼 쏘다니자, 병원에서 나를 모르는 사람이 없었다. 간호사들과 시답지 않은 농담을 주고 받았고, 의사 선생님들은 나를 볼 때마다 감탄을 금치 못하며 다른 환자들에게 나를 본받으라는 농담 섞인 말도 건넸다.

"저렇게 열심히 재활을 받는 사람은 저도 처음 봅니다. 보세요. 저 환자는 불과 5개월 전까지만 해도 전신 마비 환자셨어요. 그런데 저렇게 열심히 재활하니까 지금은 병원 곳곳을 활보하고 다니시잖아요. 여러분도 할 수 있어요."

병원의 유명 인사가 되어 열심히 재활치료를 받았다. 2년째 되는 날, 원장이 내게 다가와 말했다.

"박광석씨, 이제 저희 병원에서 할 수 있는 건 없습니다. 퇴원하셔도 되겠어요. 뭐 말 안 해도 잘하시겠지만, 운동 꾸준히 하면서 외래만 보시면 될 것 같습니다. 그동안 고생하셨어요."

2년. 길다면 길고 짧다면 짧을 수 있는 시간이었지만, 내게는 인생을 바꾼 운명과도 같은 시간이었다. 꾸준한 재활로 평범한 사람처럼 움직일 정도는 아니었지만, 그래도 휠체어를 타고 내 마음대로 움직일 수 있을 정도로는 회복이 되었다. 입원한 지 2년 만에 집으로 귀가했다. 집 문을 들어설 때는 이제야 비로소 내 인생이 제자리를 찾은 것 같다는 생각에 눈물이 찔끔 흘러나왔다. 귀가를 한 후, 이제는 집에서 재활을 시작했다. 퇴원을 해도 일주일에 최소 3번 이상은 병원에 가서 물리치료를 받아야 했다. 처음에는 당연히 아내나 간병인의 도움을 받아 병원을 방문했었다. 하지만 휠체어를 타고 재활을 시작한 지 몇 달이 지나자, 목발을 짚고도 돌아다닐 수 있을 정도가 되었다. 나를 간병하기 위해 아내는 병원과 가까운 곳으로 이사를 했기에 집에서 병원까지는 300m 거리에 불과했다. 목발을 짚고 돌아다닐 정도가 된 이후부터, 나는 부득불, 혼자 병원을 다니겠다고 선언해 버렸다.

"앞으로 나는 혼자 돌아다닐 테니까, 당신은 볼 일 있으면 볼일 봐."
"무슨 소리야. 제대로 걷지도 못하는 양반이 병원은 어떻게 가려고."
"병원이래 봤자 직선으로 쭉 길이면 가면 되잖아. 어려울 것 없어. 앞으로 평범하게 살려면 나도 연습 해야지."
"아니, 그래도…"
"걱정 마. 정 힘들면 연락할 테니까."

그날 이후로 나의 지루한 재활 운동이 시작되었다. 아내에게 한 말은 진심이었다. 나는 비록 장애인이 되었지만, 그렇다고 장애인이라는 이유로 보호받는 삶을 살기는 싫었다. 예전처럼 역동적이고 활기 넘치는 삶을 살 수는 없겠지만, 그래도 일반인과 비슷한 삶 정도는 되찾고 싶었다. 그러기 위해서는 일단 혼자 생활할 수 있을 정도로 몸이 회복되어야 했다. 사고를 당하고 2년 만에 처음으로 혼자 집을 나섰다. 아내는 여전히 불안한 얼굴이었고, 무슨 일이 있으면 꼭 연락하라고 신신당부를 했지만, 나는 아내의 잔소리를 한 귀로 흘려들으며 병원으로 향했다.

첫날, 병원까지 향하는 300m의 길이 내게는 30km나 다름없었다. 보호자가 있고 주변에 손으로 짚을 것이 많은 병원이나 재활실과 야외는 완전히 달랐다. 손에 힘이 없으니, 목발이 자꾸만 미끄러졌고 간신히 겨드랑이에 목발을 끼워 어렵게 한 걸음을 내딛어도 몸을 제대로 움직이기 힘들었다. 아스팔트는 너무 거칠어서 한 번 넘어지면 반드시 타박상을 입었고, 건물 복도는 너무 미끄러웠다. 장애인을 위한 경사로는 병원을 제외하면 거의 없는 수준이라 가는 길도 잘 선정해야 했다. 겨드랑이는 물론이고 다리에도 힘이 없어 한 번 주저앉으면 다시 일어서기까지 5분, 10분은 넘게 걸렸다. 한 걸음 걷고 몇 분 동안 숨을 고르고, 다시 한 걸음. 그렇게 아주 천천히 병원으로 향했다. 300미터면 건장한 성인 남성은 5분이면 도착할 수 있는 거리였지만, 첫날, 나는 그 거리를 한 시간 걸려서 주파했다.

"세상에, 무슨 땀을 이렇게 흘리셨어요? 설마, 걸어오셨어요?"
"헉. 헉. 네. 앞으로. 후. 걸어다니려구요."

이제 막 목발을 짚기 시작한 장애인이 300미터 거리를 혼자 걸어가는데, 멀쩡할 리가 없었다. 얼굴과 무릎, 어깨, 팔꿈치 등이 쓸린 상처로 가득했고, 온몸이 땀에 젖어 한참을 쉬고 나서야 물리치료를 받을 수 있었다. 몸은 힘들었지만, 사고로 쓰러진 이후 처음으로 어느 때보다 큰 성취감과 보람을 느낄 수 있었다. 내가 내 힘으로 무언가를 해냈다는 사실이 그렇게 기쁠 수가 없었다. 치료사 선생님은 물론, 주변 사람들은 당연히 모두 무리하지 말라며 만류했지만, 한 번 발동이 걸린 나는 쉽게 멈추지 않았다. 당연히 병원에서 집까지도 혼자 걸어갔고, 집 앞에서는 놀이터를 한 바퀴 돌고 들어갔다. 그나마 놀이터는 모래가 깔려있고, 바닥이 푹신푹신해 넘어져도 아프지 않았기 때문이다.

그날 이후로, 나는 기회가 될 때마다 혼자 병원을 다니기 시작했다. 처음에는 1시간 걸리던 거리가 50분, 40분, 30분, 20분, 10분까지 줄어들었다. 놀이터 역시 마찬가지였다. 첫날에는 아이들이 노는 놀이터를 한 바퀴 도는 것 자체가 큰 도전일 정도로 버거웠는데, 매일같이 연습하자, 두 바퀴, 세 바퀴도 거뜬히 돌 수 있을 정도가 되었다. 집에서는 아령으로 근력을 키웠다. 평범한 아령은 손에 잡을 수도 없어서 여자들이 드는 작은 아령을 손에 묶어서 하루에도 몇 개나 들어 올렸다. 할 일이 없으면 집 안을 목발 짚고 돌아다녔고, 체력이 돌아오면 놀이터를 가서 지칠 때까지 돌았다. 내 하루 일과는 재활 운동으로 가득 채워졌고, 나는 그 일정을 아주 성실히, 그리고 독하게 수행해 나갔다.

그 과정에서 내게 큰 도움을 준 친구가 바로 덕영이다. 학교 다니기 전부터 같은 동네에 살던 불알친구로 녀석은 내가 병원에 있을 때도 시간이 될 때마다 와서 나와 옛 이야기를 나누곤 했다. 지금은 돌아갈 수 없는, 건강했던 그 시절 이야기를 하다 보면 나도 모르게 살아갈 힘을 얻기도 하고, 웃을 일 하나 없는 병원에서 한 두 번 미소라도 짓게 되는, 그런 귀한 경험을 선물하던 친구였다.

"야, 수박 서리하던 놈 기억나냐? 하하. 그때 도망가던 그거, 누군지 알아?"

"그게 누군지 알아냈다고? 그때 결국 놓쳤잖아. 너랑 나랑 밭에서 한 두어 바퀴 구르고."

"뭔 소리하는 거야. 너나 굴렀지. 나는 임마 그 도둑놈 거의 잡을 뻔 했다니까?"

"헛소리도 참신하게 하네. 퍽이나."

"참 나. 암튼, 얼마 전에 동네 친구들 모여서 술 한 잔 했는데, 얘기 들어보니까 상구 있잖냐. 그놈이 범인인 것 같아."

"상구? 윗 동네 사는 그놈?"

"그렇다니까! 그놈이 어렸을 때 서리하다가 걸려서 꽁지 빠져라 도망간 이야기 하는데, 아무리 생각해도 너랑 나랑 있던 그 원두막 같더라고. 그래서 내가 수박값 물어내라고 했지. 그걸로 밥 얻어먹었다. 하하."

"뭐야! 그 밭은 우리집 밭이었는데, 수박값을 물어낼라면 나한테 내야지, 왜 네 놈이 밥을 얻어먹냐?"

"에이 쪼잔하게 뭐 그런 걸 신경쓰냐. 누가 받든 뭔 상관이야."

시시콜콜한 이야기를 하다 보면 지루한 입원 생활도 버틸만 했다. 덕영이는 내가 퇴원을 하고 나서도 손발 역할을 자처했다. 내가 퇴원하고 나서도 아내는 생계를 위해 출근을 해야 했다. 그래서 매번 나를 챙길 수는 없었다. 혼자 병원을 간다고 나 스스로 목표를 세우긴 했지만, 비나 눈이 오거나, 컨디션이 좋지 않거나 할 때는 아무리 나라고 해도 혼자서 병원을 갈 수는 없었다. 그럴 때는 보호자의 도움이 필요한데, 그때마다 흔쾌히 손을 내밀어 준 친구가 바로 덕영이었다.

"응? 아, 그날? 좋아. 좋아. 가지. 뭐. 에이, 아냐. 별일 없어. 괜찮아."

녀석은 내 전화만 기다렸다는 듯, 내가 연락할 때마다 흔쾌히 도와주었다. 70kg에 육박하는 나를 등에 업어 차에 태우고, 병원에 도착해서는 다시 나를 안고 병원을 올라간다. 제아무리 힘이 좋고 체력이 좋은 사람이라도 건장한 장애인 한 명을 건사하는 건 쉬운 일이 아니다. 실제로 덕영이도 나를 안고 오르락 내리락 하고 나면 한겨울에도 땀이 나서 온몸이 사우나에 갔다 온 것처럼 땀으로 흠뻑 젖고는 했다. 그런 녀석의 모습을 볼 때마다 내가 미안한 표정을 지으면 덕영이는 사람 좋은 웃음을 보이며 내게 농담을 건네고는 했다.

"아오. 야, 점심에 뭘 얼마나 먹은 거야. 오늘은 좀 더 무거운데? 덕분에 헬스장 안 가도 되겠다."

너스레를 떨며 웃음을 지어 보이는 녀석의 얼굴이 지금도 눈에 선하다. 어릴 때부터 옆에 있는 것이 당연했던 녀석의 희생을 지켜보며 나는 많은 걸 느꼈다. 만약 내가 반대 입장이었다면, 나는 덕영이처럼 자신의 소중한 시간을 포기하며 친구를 위해 달려올 수 있을까? 한두 번이야 가능할지 몰라도 그 녀석처럼 꽤 오랜 시간 꾸준히 친구를 케어하는 정성을 보이지는 못했을 것 같다. 게다가 녀석은 자신의 생일이나 기념일에도 만사를 제치고 나를 위해 달려왔었다. 나는 그런 희생을 치를 수 있을까? 도움을 받을 당시에는 크게 생각하지 않았고, 익숙해서 몰랐지만, 지나고 돌이켜 생각해 보면 덕영이가 한 일은 숭고한 자기 희생이나 다름이 없었다. 대가를 지불할 그 어떤 가치 있는 것도 들고 있지 않았던 내게, 녀석은 왜 그런 희생을 자처한 것일까?

"실없는 소리한다. 친구니까 그런 거지. 너 없으면 내가 누구랑 노냐. 너도 똑같았을 거야. 미안하면 나중에 밥이나 한 번 사라 자식아."

언젠가 내가 녀석에게 대체 왜 이렇게까지 하는 거냐고 물었을 때 녀석의 대답이었다. 누구나 할 수 있는 말이지만, 누구도 쉽게 실천하지 못하는 말이기도 하다. 아무리 친한 친구라도 다른 사람의 병수발은 평범한 의지로는 하기 힘든 일이다. 직접 재활을 경험하며 옆에서 도움을 주는 이들이 환자에게 얼마나 큰 힘이 되는지, 그리고 그들이 얼마나 큰 희생을 하고 있는 것인지를 절감한 나는 언제나 덕영이에게 고마운 마음을 가지고 있다. 그 고마움을 잊지 않기 위해 지금도 시간이 될 때마다 덕영이와 가족들을 불러 함께 식사를 하며 고마움을 전하고 있다.

보통 장애인들은 재활을 할 때 운동을 가장 두려워 한다. 자신의 몸이 마음대로 움직이지 않는 경험은 인간에게 생각보다 심한 무력감을 주고, 남들은 너무나 쉽게 수행하는 동작을 자신만 하지 못할 때의 절망감은 재활에 대한 의지 자체를 무너뜨린다. 하지만 나는 주변사람들이 적당히 하라고 말릴 정도로 재활을 수행했다. 나를 담당하는 의사 선생님은 평생 이렇게 의지가 강하고 재활에 온 힘을 쏟는 사람을 본 적이 없다며 엄지를 치켜세울 정도였다. 내가 걸어온 길이지만, 지금 돌이켜 생각해 봐도 평범한 의지를 가진 사람이었으면 금방 포기하고 싶어질 정도로 나는 재활을 혹독하게 수행했다. 그 지옥같은 시간을 견딜 수 있었던 원동력은 무엇이었을까. 바로 언젠가는 나와 비슷한 처지의, 혹은 나보다 더욱 힘든 상황에 있는 이들에게 힘이 되고 싶다는 단순하고도 강렬한 열망이 있었기 때문이다.

 차량도 장만했다. 남은 평생을 장애인으로 살아가게 되었지만, 나는 그 시간을 무기력하게 보낼 생각이 하나도 없었다. 퇴원을 하자마자 나는 곧바로 장애인 차를 구매했다. 장애인 차는 운전석이 일반 차량과 다른 것은 물론이고, 장애인들이 휠체어를 타고 쉽게 오르고 내릴 수 있도록 리프트 장치가 되어 있었다. 대부분의 장애인 차들은 장애인을 태우기 위한 목적이라 원활한 조작을 위해서는 요양보호사나 간병인이 도움을 줘야 한다. 하지만 나는 내가 직접 몰고 다닐 목적으로 차량을 구매하는 거라 따로 개조를 해야 했다. 지인의 소개로 장애인 차를 디자인하고 수리하는 대표를 만났다. 그는 이제 막 제대로 걷기 시작한 내 모습을 보며 고개를 갸웃거렸다.

 "아까 통화하실 때는 직접 쓰신다고 했는데…설마 본인이 직접 운전하려고 하는 건가요?"
 "네. 물론이죠. 제가 보다시피 걷긴 하는데, 아직은 좀 부족해서요. 휠체어도 타고, 걷기도 하려고 하거든요. 혼자 조작할 수 있게 내부 좀 바꿔주셨으면 해서."
 "아니, 개조하는 것 자체는 큰 문제가 아닌데. 이걸 혼자 조작하실 수 있으려나…혹시 장애 등급이…?"
 "1급 장애인입니다."

"허. 내 살다 살다 1급 장애인이 운전하겠다고 찾아온 건 또 처음이네요. 뭐, 좋아요. 일단 해 봅시다."

나를 처음 본 대표는 놀란 표정이었다. 그의 말에 따르면 십 년 넘게 이 일을 했는데, 1급 장애인이 직접 운전을 하겠다고 장애인 차를 개조해 달라는 건 처음이라는 것이다. 보통 1급 장애인은 집에서 꼼짝없이 누워있는 경우가 많고, 움직인다고 해도 반드시 간병인이나 요양보호사를 대동할 정도로 몸 상태가 좋지 않다는 것이다. 나는 그 말을 듣고 고개를 끄덕였다.

나는 지금도 일반인과 다름없이 세상이를 싶고 설어 다니지만, 조금이라도 운동을 소홀히 하거나, 재활을 제대로 하지 않으면 바로 움직이는 데 어색함이 생긴다. 그만큼 근육이 빠지고, 힘이 빨리 빠지기 때문이다. 그 대표님의 말을 듣고 재활의 중요성을 다시금 절감한 나는 퇴원한 이후로 오늘에 이르기까지. 아무리 바쁘더라도 반드시 하루에 1시간씩은 꼭 운동을 하고 있다. 조금만 소홀히 하면 언제 예전으로 돌아갈지 모른다는 두려움에서 비롯된 운동이었다.

병원에서 눈을 뜨고 소중한 사람들의 얼굴을 떠올리며 살아야겠다는 결심을 굳힌 나였지만, 재활의 과정이 결코 쉽지는 않았다. 내 경우는 온전히 나를 믿어주고, 전폭적으로 지지해주는 가족들과 좋은 사람들이 있어 힘겹게 그 고비를 넘겨왔지만, 주변에 다른 지인이나 믿어주는 가족이 없는 이들은 장애가 생기는 순간, 삶을 포기해 버리는 이들이 많다. '살아서 뭐 하나', '아득바득 노력해 봐야 정상인은 될 수 없다.' 그런 허무주의와 패배감에 젖은 장애인들을 나는 병원에서 엄청나게 많이 마주했다. 그런 사람들을 보며 내가 저들의 힘이 되어주고 싶다는 생각을 했다. 내가 혼자서는 결코 이겨내기 힘든 재활을 가족의 애정과 친구들의 응원으로 견딘 것처럼 그들에게 변함없는 믿음과 지지를 보내주는 또 한 명의 가족이 되어주고 싶다는 생각을 한 것이다. 침울해 있는 장애인들, 할 수 없다고 지레 겁먹고 포기하는 장애인들에게 당당하게 세상과 맞서보라고, 사람을 믿으며 함께 나아가보자고 용기를 건넬 수 있는 사람이 되고 싶었다. 그리고 그런 사람이 되기 위해서는 내가 먼저 모범을 보여야 했다. 그래서 나는 죽기 살기로 재활에 매달렸다.

언젠가는 이 힘겨운 나날도 웃으며 추억할 수 있을 수 있도록. 결국 나는 목발도 치워버리고 지팡이 하나만 들고 돌아다닐 수 있을 정도로 몸이 많이 회복되었다. 1급 지체장애라는 절망스러운 진단을 받은지 꼬박 8년이 되는 해였다.

장애인들을 위한
공익활동에 전념하다

평소의 다름없이 재활 운동에 매진하고 있을 때였다. 고향에 사는 친구 녀석이 어느 날은 뜬금없이 전화가 왔다. 녀석은 내 재활 과정을 모두 지켜보고 나의 꿈과 의지도 잘 알고 있는 소중한 인연 중 하나였다.

"광석아, 너 요즘은 그래도 좀 다닐 만하지?"
"물론이지. 옛날에는 병원 한 번 다녀오면 하루가 금방 갔는데, 이제는 시간이 남아서 걱정이다."
"하하. 그럼 잘됐네. 내가 여기서 누구랑 대화하다가 알게 된 게 있거든. 너, 너처럼 장애인 된 사람들한테 도움이 되고 싶다고 했잖아. 그 마음도 그대로인 거야?"
"그럼. 간증도 하고 봉사도 하고. 그러려고 이렇게 열심히 운동하는 건데. 그런데 갑자기 그건 왜?"

"아니, 내가 알아봤는데, 우리 도시에는 장애인협회 같은 게 아직 활성화된 게 별로 없다고 하더라고. 그러면 네가 똑똑하고 사회 경험도 많고 하니까, 직접 운영하면 어떨까 해서."

머리를 망치로 때리는 것 같은 충격이었다. 지금까지 나는 장애인들을 위한 다양한 봉사활동에 매진하고 싶다는 마음을 한 번도 꺾은 적이 없는데, 기회가 없어 하지 못하고 있다고 생각했다. 더불어 내가 혼자 거동할 정도로 몸이 회복되고, 장애인들이 보기에도 번듯하게 일상 생활을 영위할 수 있어야 봉사도 할 수 있다고 믿었지만, 도움을 주는 데 자격이 필요한 건 아니다. 그리고 친구 말대로 기회가 없다면 내가 기회를 만들어 나가면 되는 거 아닌가! 친구에게 감사 인사를 하고 전화를 끊은 뒤, 장애인협회에 대해서 알아보기 시작했다.

일반인들은 장애인협회라고 하면 모든 장애인의 권익 보호와 복지 증진을 위해 활동하는 하나의 단체로 인식하는 경우가 많지만, 실제로 장애인들도 각자 처한 상황과 장애 부위에 따라 애로사항이 달라 장애인 협회도 꽤 세분화되어 있었다. 지체장애인들을 위한 지체장애인협회, 시각장애인협회, 농아인협회, 뇌병변장애인협회 등등이다. 이전까지 이런 구분이나 협회의 존재 자체를 몰랐던 나는 가슴 깊은 곳에서 열정이 샘솟는 걸 느꼈다. 나는 애초에 사람들과 부대끼며 그들과 함께 새로운 도전을 하는 걸 즐겼던 사람이었는데, 재활을 하는 동안 그 열정을 잊고 있었다. 잠시 사라졌던 열정과 도전 의식이 다시금 거세게 불타올랐다.

 친구의 말을 기억하며 내 고향, 이천에 있는 장애인 협회를 조사해 보았다. 지체장애인협회나 시각장애인협회가 가장 왕성하게 운영되고 있었고, 그 외의 협회는 그리 활성화되어 있지 않았다. 다양한 장애인협회 중에 내가 주목한 협회는 교통장애인협회였다. 이름 그대로 교통사고나 질병 등으로 장애를 가지게 된 중도 장애인의 복지와 권익 향상에 앞장서며 그들의 재활을 돕는 협회였다. 선천적으로 장애를 가지고 태어난 이들과 달리 중간에 사고나 질병으로 장애인이 된 이들은 세상을 대하는 방식이 다를 수밖에 없었다. 나도 매일같이 경험하듯, 과거 건강했던 시절을 추억하고 그때로 돌아가고 싶은 생각을 놓지 않으면서 자신의 처지를 비관하는 이들이 많고, 재활 과정이 너무나 힘들고 외로워 활동적인 삶을 포기하는 이들도 많았다. 나 역시 마찬가지였다. 이제는 일반인 시절처럼 거동에 큰 문제가 없을 정도로 재활에 성공했지만, 나는 하루하루 일상에서 장애인들이 겪어야 할 불편과 편견을 마주하고 있었다.

 내가 목발을 딛고 걸어 다닐 정도로 회복되었을 때의 일이다. 그날은 평소보다 재활 운동을 많이 해서 몸보신이라도 할 겸, 고기를 구워먹기로 했다. 병원을 갔다 오는 길에 정육점이 하나 있어 아무렇지 않게 나는 정육점으로 향했다. 당시 나는 재활을 해서 이동에는 문제가 없었지만, 여전히 움직임은 부자연스러워서 일반인들은 딱 보면 장애인이라는 사실을 알 정도였다. 힘겹게 정육점 문을 열고 들어가는 순간이었다. 주인장의 거친 언사가 내 귀를 때렸다.

"아이, 참. 장사도 안돼 죽겠는데, 뭔 거지같은 인간들이 자꾸만…"

귀를 의심하며 주인장을 쳐다보았다. 주인장은 분명히 방금 내가 지나온 입구를 바라보며 말하고 있었다. 혹시 내 뒤에 다른 사람이 있나 싶어서 뒤를 돌아봤지만, 정육점에는 나 뿐이었다. 주인이 나를 거지로 오해한 것이었다. 성치 않은 몸으로 꽤 먼 거리를 움직이느라 몸이 땀에 젖어있고, 움직임이 부자연스럽다고 해도, 멀쩡한 사람을 거지 취급하다니. 너무 불쾌했지만, 오해일 수도 있다는 생각에 말을 건넸다.

"아, 저 고기 좀 사려구요."
"그래요? 뭐, 얼마나 사시려고."

그 자리에서 욕지거리가 튀어나갈 뻔했다. 나는 고기를 산다고 하면 당연히 주인이 자신의 잘못된 언행에 대해 사과할 줄 알았다. 그런데 그 사람은 아무렇지 않다는 표정으로 나를 빤히 쳐다보고 있었다. 게다가 나를 위아래로 훑어보더니, 은근히 무시하는 듯한 표정으로 비웃기까지 했다. 말을 할 때도 눈을 마주치지 않고, 제 할 일을 하며 건성으로 대답하고 있었다. 마치 나 같은 인간은 상대할 필요도 없다는 것 같았다. 나는 주인의 그 태도에 너무 기분이 상해 다음에 온다고 퉁명하게 대꾸하고는 정육점을 나섰었다. 이런 일이 너무나 비일비재했다. 조금 느린 내 움직임에 대놓고 눈치를 주는 사람, 위아래로 훑어보며 못마땅하다는 듯, 고개를 가로젓는 사람, 아예 대놓고 장애인이 왜 백화점을 오느니고 볼멘 소리를 하는 인간도 있었다.

처음에는 나 역시 이런 세상의 편견과 차별이 견디기 힘들었지만, 인간은 적응의 동물이라고 했던가. 같은 일이 반복되자, 점점 무뎌지기 시작했다. 아니, 오히려 그들의 편견을 깨부숴야겠다는 생각도 하게 되었다. 겉으로 보기에는 정상인과 거의 다를 바 없는 데다가 휠체어를 타지 않고 지팡이나 목발을 짚고 걸어다니는 나도 이렇게 차별을 받고 있는데, 휠체어를 타거나 다른 사람의 도움이 있어야만 움직일 수 있는 장애인들은 얼마나 많은 어려움을 겪고 있을까. 그들에게 희망이 되고 싶었다. 내가 먼저 겪어본 세상의 쓰디쓴 차별과 어려움을 어떻게 극복해야 하는지, 그리고 그 안에서 우리 장애인들이 어떻게 서로를 보듬으며 살아가야 하는지를 보다 많은 사람들과 이야기하고 소통하고 싶었다. 처음에는 이천에 교통장애인협회가 있으면 직접 가입해 활동하려 했지만, 이천에는 교통장애인협회 지회가 없었다. 이에 나는 직접 교통장애인협회를 운영하기로 결심하고 설립을 추진했다.

관공서와 서울에 있는 중앙 교통장애인협회에 문의하자, 몇 가지를 물어보더니, 크게 자격 요건은 없으니, 원서를 내면 검토를 해보겠다고 했다. 정성껏 원서를 작성해 전달했고 며칠 뒤, 설립인가가 떨어졌다. 이제는 어디를 가도 교통장애인협회 이천 지회 회장이라는 타이틀을 사용할 수 있다는 뜻이었다. 그날로 바로 사무실을 알아보고 일사천리로 계약을 했다.

협회로 인정받기 위해서는 조직도 있어야 하고, 손발이 되어 일해줄 사람도 필요했기에 사무장과 경리도 고용했다. 눈 깜짝할 사이에 꽤나 번듯한 사무실이 생겼다. 새로운 장애인 협회가 생겼다는 소식이 알려지면서 이천에 있는 많은 장애인들이 협회를 방문했다. 순수하게 축하를 위해 방문한 이들도 있었지만, 도움이 필요해 협회를 방문한 이들도 많았다. 점심시간에 밥 먹을 곳이 없다며 찾아와 점심을 요구한 분들도 있었고, 지원받은 쌀을 집으로 옮겨달라고 부탁하러 협회를 찾아온 이들도 있었다. 내가 생각한 협회 활동과는 꽤 결이 달랐지만, 어쨌든 나는 성심성의껏 협회를 찾아오는 장애인들의 편의를 봐주었다. 그게 내가 할 일이라고 생각했으니까.

그와 동시에 장애인의 처우 개선에 대한 활동에도 주력했다. 장애인으로 살아가면서 내가 불편했던 것들, 동시에 꼭 필요했던 것들. 평소 생각만 했던 일들을 실현하기 위해 밤낮없이 이천을 돌아다녔다. 그중에서도 가장 인상적인 활동은 장애인 주차장과 경사로 설치였다. 지금은 관공서는 물론이고 아파트나 기업의 모든 건물에 장애인 주차장과 경사로가 필수로 설치되어 있지만, 내가 협회를 설립했던 1998년만 해도 장애인 주차장이나 경사로라는 것 자체가 굉장히 보기 힘든 구조물 중 하나였다. 당연히 법에서는 이 시설물들을 꼭 설치하도록 되어 있는데, 돈이 들어간다는 이유로, 혹은 사용하는 사람이 많지 않다는 이유로 장애인 주차장을 설치하지 않는 건물이 많았다. 관공서도 그런 상황이었으니, 일반 건물이나 아파트는 오죽했을까. 나 역시 장애인이 되기 전에는 전혀 몰랐고 관심도 없는 시설물이었지만 장애인이 되자, 경사로 하나, 장애인 주차장 한 칸의 소중함이 너무 크게 다가왔다. 휠체어를 탄 장애인들은 경사로 하나가 없어 원하는 가게에 방문하지 못하는 경우가 많았고, 갈 수 있는 식당도 제한적이었다. 사기업이나 개인이 소유한 건물에까지 경사로 설치를 강요할 수는 없지만, 그래도 관공서에는 경사로와 장애인 주차장이 하나씩은 있어야 하지 않을까. 그 마음으로 이천 시 전체를 돌아다니며 현황을 조사했다. 읍면사무소는 물론이고 시청에도 경사로는 커녕, 장애인 주차장도 없는 곳이 많았다.

며칠 뒤, 이천의 장애인 주차장과 경사로 현황을 직접 조사한 자료를 들고 시청을 방문했다.

"무슨 일로 오셨어요?"
"예. 보다시피 제가 장애인인데요. 장애인 시설 관련해서 이야기 좀 하려고 왔습니다. 관련자 좀 불러주시죠."
"제가 시설관리를 담당하고 있는 직원이긴 한데, 무슨 일로…"
"저는 얼마 전에 만들어진 교통장애인협회 지회장입니다. 내가 우리 동네 장애인 시설을 조사를 좀 했는데, 자, 이것 좀 보세요."
"이건… 직접 조사하신 건가요?"
"네. 나라에서 안 하니, 내가 직접 할 수밖에 방법이 있습니까. 그거 보면 알겠지만, 지금 이천에 장애인 주차장이나 경사로 설치된 관공서가 10개가 채 안 됩니다. 이게 말이 됩니까. 아니, 장애인은 뭐 동사무소도 가지 말라는 겁니까?"
"아, 아니요. 그럴 리가 있겠습니까. 다만, 인력이나 돈이 아무래도 부족한 측면이 있으니까…"
"아니, 거 참. 말이 안 통하네. 됐어요! 시장 어딨어요. 시장 불러와요!"

장돌뱅이 시절, 길거리에서 거친 장사꾼들과 드잡이질을 하며 기 싸움하던 성과가 여기서 나타났다. 첫날, 시청을 방문한 날은 시장을 만나지 못하고 실무자인 계장과 말싸움만 하고 돌아왔다.

하지만 나는 생각한 것, 결심한 것은 무조건 꼭 해내야만 직성이 풀리는 성격이다. 이미 나는 장애인 경사로와 장애인 주차장을 이천에 있는 모든 관공서에 조성하겠다는 목표를 세웠다. 게다가 이 목표는 나만을 위한 것도 아니었다. 모든 장애인들이 함께 조금 더 편하고 행복하게 살 수 있는 길이 있는데, 마다할 이유가 없었다. 법으로도 조성하도록 지정해 놓지 않았던가.

다음날부터 나는 시청, 동사무소. 가리지 않고 모든 관공서를 방문하며 책임자들을 만나기 시작했다. 어떤 날은 계장, 어떤 날은 과장. 어떤 날은 국장까지. 관공서 문턱이 닳도록 방문하자, 이제는 담당자들이 먼저 내게 커피를 건네며 인사를 하는 지경에 이르렀다. 관공서들끼리도 내 소문이 퍼졌는지, 서로 알음알음 내 소식을 전해 듣고 서로 아는 체를 하기도 했다. 관공서를 내 집처럼 드나들면서 담당자들과 몇 번 언성이 높아지자, 그들의 고충을 이해할 수 있었다. 공공기관이라는 곳이 그렇게 돈이 많은 곳은 아니었다. 주어진 재화는 한정적인데, 그 안에서 해결해야 할 일은 수두룩하니, 당연히 힘들 수밖에 없었다. 그들의 사정과 어려움을 이해했다고 해서 납득한 건 아니었다. 그들이 힘들다고 해서 장애인들의 권리가 무시당해도 된다는 뜻은 아니었다. 게다가 내가 요구하는 것들이 그렇게 무리한 것도 아니었다. 경사로는 보도블럭 공사나 관공서 리모델링 같은 걸 할 때, 조금만 신경쓰면 만들 수 있었고, 장애인 주차장은 하루나 이틀이면 작업을 마칠 수 있는 간단한 것들이었다. 이런 것들은 재원과 부족함의 문제가 아니라 의지의 문제였다.

유명한 민원인이 되다 보니, 높은 사람들도 어렵지 않게 만날 수 있었다. 부시장이나 시장, 국회의원을 만나 요구사항을 전달하는 기회도 자주 있었고 어느 정도 성과를 거두기도 했다. 그들 역시 장애인을 돕기 싫어서 가만히 있었던 게 아니고 방법을 몰라서, 혹은 마땅한 계기가 없어서 시도를 하지 못하고 있는 경우가 많았다. 나의 끊임없는 요구가 그들에게는 새로운 기회가 되었고, 긍정적인 약속을 받아낼 수 있었다. 며칠 뒤, 실제로 읍·면·동사무소와 지역 내 관공서에 장애인 주차장이 생겨나기 시작했다. 법적으로 보장된 권리이자 당연히 만들어졌어야 할 시설이었지만, 생각보다 늦어졌다. 장애인 주차장 건립이 확정된 날, 그동안 내가 괴롭힌 관공서 직원들과 함께 악수하며 함박웃음을 짓는 아이러니한 광경이 연출되기도 했다. 아쉽게도 경사로는 목표를 달성하지 못했다. 시청을 비롯한 큰 관공서에는 만들어졌지만, 정작, 장애인이 가장 많이 방문해야 하는 동네 읍·면·동사무소에는 경사로를 만들 수 없었다.

"정해진 예산이 이것뿐이라 어쩔 수가 없어요. 대신, 다음 예산 배정받을 때, 꼭 설치할게요. 우리도 문제가 되는 걸 알았으니까."

"약속한 거죠? 나중에 모른 척하면 나 또 찾아옵니다?"
"예예. 당연하죠."

담당자들과 우스갯소리를 섞은 기분 좋은 약속을 마치고 일이 일단락되었다. 그 외에도 불의의 사고나 질병으로 하루아침에 장애인이 된 이들을 위해 수없이 많은 일을 했다. 교통사고로 부모를 잃은 아이들을 금전적으로 지원해 주기도 했고, 주기적으로 학교나 관공서에서 교통안전 캠페인을 펼칠 수 있도록 직접 캠페인을 기획하고 실행하는 일도 도맡았다. 우리 협회가 일을 열심히 하고, 잘한다는 소문이 퍼지면서 방문하는 장애인들의 숫자도 늘어났다. 매일 점심 시간만 되면 점심이라도 얻어먹겠다고 사무실을 방문하는 장애인이 많았고, 하루에도 몇 차례나 자기를 도와달라는 장애인들의 전화를 받아야 했다. 병원을 가야 하는데 차가 없다는 전화, 물건을 샀는데 무거워서 옮기질 못하겠으니 도와달라는 전화, 심심하니 말동무라도 해달라는 전화. 정말 오만 가지 요청이 다 쏟아져 들어왔다. 사무장이나 경리 직원은 그런 전화를 무시하거나 건성으로 받는 경우가 많았지만, 나는 그러질 못했다. 점심을 먹으러 온 회원이나 장애인이 있으면 호주머니에 있는 돈을 탈탈 털어서 국밥 한 그릇이라도 대접했고, 나를 불러주는 사람이 있으면, 그 요청이 다소 무리하더라도 억지로 힘을 내서 방문해 요청을 들어주었다. 하루는 사무장이 물었다.

"지회장님. 그런 요청 다 들어주면 귀찮지 않으세요? 저는 솔직히 좀 괘씸하다고 생각하거든요. 본인들이 조금만 노력하면 다 할 수 있는 일이잖아요. 집에 보호자가 없는 것도 아니고. 염치가 없는 것 같아요."

"그게 내가 할 일이니까. 그런 거 하려고 교통장애인협회 만든 거 아니겠냐."

사무장의 볼멘 목소리에 간단하게 대답했지만, 사실 나는 그들의 마음을 십분 이해할 수 있었다. 선천적인 장애인들과 후천적인 장애인은 생각부터 의지, 마음가짐 자체가 다르다. 태어날 때부터 장애를 가지고 있는 선천적인 장애인들은 본인들의 장애를 비교적 자연스럽게 받아들이고 장애를 극복하는 나름의 방법을 평생 고민하며 살아온 이들이다. 그래서 남에게 도움을 요청하는 데도 거리낌이 없고 자신이 뭘 할 수 있고, 뭘 할 수 없는지에 대한 기준이 확고하다. 반면, 나처럼 어느 날 갑자기 장애인이 된 이들은 사정이 다르다. 며칠 전, 몇 달 전만 해도 숨 쉬는 것처럼 자연스러웠던 행동들이 이제는 큰 마음을 먹고 간신히 수행하는 커다란 과업이 되어버렸다. 온전히 혼자 세상을 살아가던 사람들은 주변에 자신을 도와달라는 말을 하기가 힘들다. 아무리 자신을 사랑하는 가족이라도. 아니, 오히려 나를 너무나 사랑하는 가족이기에 자신의 약한 모습, 비참한 모습을 보여주기 싫은 것이다. 도움은 필요한데, 그 과정에서 겪게 될 자괴감과 좌절감을 똑바로 바라보지 못하는 사람들도 있다. 이 죄책감이 오래 지속되면 더 이상 상처를 받지 않기 위해 아예 생각을 포기해 버린다. 뭔가를 시도하거나, 도전하지 않고, 남들이 해주는 일만 방어적으로 받아들이는 것이다. 그리고 이런 일상이 지속되면 타성에 젖어 본인의 힘으로는 아무것도 할 수 없는 상태가 되어버린다.

　나 역시 비슷한 감정을 느낀 적이 있었고, 그 좌절감을 극복하기 위해 수많은 노력을 했다. 그랬기에 그들의 무리한 요구를 마냥 무시할 수는 없었다. 그중에는 진짜로 도움이 필요한 장애인도 있었지만, 단순히 말동무가 필요해서, 기나긴 재활 기간에 자신과 비슷한 처지의 사람들이 어떻게 살아가는지가 궁금해 말도 안되는 핑계를 대며 연락을 하는 이들도 있었다. 그들에게 조금이라도 도움이 되기 위해 많은 활동을 했다. 교통장애인협회 회장을 역임하며 나는 그 어느 때보다 큰 성취감과 보람을 느꼈다. 내가 한 사람의 인격체로서 사회에 좋은 영향력을 선사하고 있다는 사실, 나의 삶이 누군가에게 힘이 될 수 있다는 것을 온몸으로 체감하면서 스스로 더욱 왕성하고 도전적인 삶을 살고 있었다. 처음 시작할 때는 나와 같은 처지의 장애인들에게 힘이 되어주고 싶다는 공익적인 마음에서 시작한 일이었지만, 이제는 오히려 그들로부터 내가 살아갈 힘을 얻고 있었다. 참 신기하고 행복한 일이었다.

나는 교통장애인협회 회장을 5년 정도 했다. 살면서 가장 뿌듯하고 보람찬 감정을 느낀 시절이지만, 내 인생에서 가장 절망스럽고 힘겨운 사건을 겪은 시절이기도 했다. 교통장애인협회를 설립했을 때가 1998년이다. IMF의 여파로 전 국민이 힘겨운 시절이었고, 사회 시스템이나 제도도 지금보다는 다소 미흡했다. 법의 구속력은 강했지만, 정작 그 법이 사람들에게 잘 알려지지 않았고, 모르고 범한 불법에 대해서는 어느 정도 관용의 마음을 베풀어 주는 시절이었다.

당시 우리 사무실의 사무장을 맡고 있었던 친구는 내가 직접 발탁한 녀석이었다. 장돌뱅이 시절 지인들에게 건너 건너 소개받은 사람으로 젊은 시절의 나처럼 차를 끌고 다니며 장사를 하는 녀석이었다. 몇 번의 면접과 대화 끝에 나는 녀석을 사무장으로 채용했다. 일머리가 꽤 좋았고, 눈치도 빨랐으며 무엇보다 예의가 있었다. 사무장과 나는 죽이 잘 맞았다. 내가 원하는 게 있어서 운을 띄우면 녀석은 알아서 내게 필요한 것들을 준비해 주었고, 반대로 녀석이 하고 싶은 말이 있으면, 나 역시 찰떡같이 잘 알아들었다. 녀석은 모르겠지만, 적어도 나는, 사무장과 일할 때의 기억이 나쁘지 않았다. 그렇게 3년을 함께 일했다. 어느 날, 사무장이 내게 쭈뼛거리며 다가왔다.

"저…회장님. 사실, 얼마 전에 다른 단체에서 제안이 와서요."

"제안? 무슨 제안. 우리 협회에?"

"아, 아니요. 저요. 얼마 전에 만들어진 다른 장애인 단체에서 저를 스카웃하고 싶다고..."

"...그래서, 가려고?"

"예. 돈도 지금보다 많이 챙겨준다고 하더라고요. 저도 아무래도 식구가 딸린 몸이라..."

"뭐...그래...어쩔 수 없지. 이왕 가는 거 잘 해."

"이헤헤 주셔서 감사합니다. 그동안 감사했습니다."

속이 쓰리지 않다면 거짓말이있다. 나름 열심히 손발을 맞추며 협회를 잘 끌어왔다고 생각했는데, 사무장은 내 생각보다 쉽고 빠르게, 이직을 결정했다. 표정을 보니 이미 마음을 굳힌 것 같아 따로 설득도 하지 않았다. 이왕 보내주기로 한 것, 좋은 얼굴로 떠나보내자는 마음으로 웃으며 인사를 건넸다. 이별은 아쉬웠지만, 내가 어찌할 수 없는 일이었다. 오래된 인연을 보내고 다시 협회 활동에 집중했다. 매일같이 장애인들을 만나 서로의 근황을 묻고, 평범한 일상을 영위할 수 있도록 돕는 하루하루가 흘러갔다. 내가 진행하는 각종 교통 캠페인도 꽤 반응이 좋아 뿌듯한 나날이었다. 그러던 어느 날, 뜬금없이 검찰청에서 압수수색이 들어왔다. 정말 마른하늘에 날벼락 같은 일이었다. 평소와 다름없이 사무실을 지키고 있는데, 건장한 사람들 몇 명이 파란색 박스를 들고 와서 사무실 안에 있는 온갖 장부와 물건을 챙기기 시작했다.

영화 같은 일이었다. 너무 당황해 제대로 말도 못하는 내게, 양복을 입은 남자 하나가 종이 한 장을 내밀었다.

"박광석씨, 맞죠? 공금 횡령 혐의로 압수수색 진행합니다. 여기 서류 읽어보시고."
"공금 횡령이요? 그게 무슨 말도 안 되는!"

화가 나 발끈했지만, 내 한 몸도 간신히 건사하는 장애인이 건장한 젊은이들을 막아낼 방법은 없었다. 검찰에서는 사무실에 있는 모든 집기와 장부를 하나도 빠짐없이 가지고 갔다. 대체 왜 이런 일이 생긴 걸까. 어이가 없어 사무실 소파에 무너지듯이 주저앉아 멍하니 허공을 바라보고 있었다. 소식을 들은 친구들 몇 명이 사정을 알아본다고 여기저기를 들쑤시고 다녔다. 협회 활동을 하며 인연을 맺은 관공서 출신 지인들도 사정을 알아봐 주었다. 상황은 생각보다 더욱 복잡했다.

"광석아. 너 협회 돈 쓴 것 때문에 그런가 봐."
"협회 돈? 협회에 돈이 어딨다고! 오히려 내 돈 다 집어넣어서 협회 운영했는데 내가 무슨 협회 돈을 써?"
"법이 그렇지가 않대. 에휴."

변호사를 만나고 온 친구가 한숨을 내쉬었다. 흥분을 가라앉히고 이번에는 내가 직접 변호사를 찾아갔다. 이게 대체 어떻게 된 상황인지 좀 알아야 할 것 같았다. 변호사 말이 내가 장애인들을 도와주고, 밥을 사주는 등, 협회 활동에 개인 통장이 아닌, 협회 명의 카드와 통장을 사용한 게 문제라고 했다. 나는 너무 억울했다. 협회에 있는 돈의 9할이 내 호주머니에서 빠져나간 돈이다. 회원 수가 많고, 지원이 빵빵한 장애인 협회야 정부에서 주는 각종 지원금과 보조금, 여기에 지역 유지들이 전해주는 기부금으로 재정 상태가 윤택했겠지만, 만들어진지 이제 5년밖에 되지 않은 우리 협회는 그런 돈이 거의 없었다. 정부에서 나오는 보조금은 한 푼도 없었기에 나는 사무상 월급과 장애인들 복지에 들어가는 각종 비용을 내 돈으로 충당하고 있었다. 당연히 집에서는 싫어했지만, 재활을 한 뒤 나의 첫 사회 활동이 교통장애인협회였기에 굳이 말을 하지 않고 꾸준히 응원을 하며 도움을 주고 있었다. 무보수로, 오히려 내 돈을 집어넣으면서 협회의 발전과 지역 장애인들의 행복과 복지만을 생각했는데, 갑자기 이런 결과로 나타나니 너무 당혹스럽고 어이가 없었다.

"박광석씨가 아무리 많은 돈을 기부했어도 일단 협회 돈이 되면 그게 공금으로 취급되거든요. 일단 공금이 된 돈을 따로 기록하지 않고 개인 용도로 사용하신 거니까. 정황이 너무 명백합니다. 카드 사용 내역도 들고 있더라고요."
"아니, 내가 넣어놓은 돈을 내가 쓰는 데 그것도 범죄가 된다고요?"

"안타깝게도 그렇습니다. 흠...이게 검찰에서 자체적으로 움직인 것 같지는 않고 고발이 들어갔네요. 같은 지역에 있는 다른 장애인 협회입니다. 이런 건 보통 협회 내부사정을 잘 아는 사람이 있는 경우가 많은데...짐작가는 사람이 있어요?"

순간, 사무장의 얼굴이 떠올랐다. 망연자실한 나를 보며 변호사는 고개를 절레절레 흔들었다. 변호사는 최대한 형량이나 처벌을 줄이려 노력해 보겠지만, 증거가 명백해 처벌을 피하기는 힘들 것 같다는 말을 남겼다. 억울하고 허망했다. 변호사가 말한 장애인 협회도 내가 잘 아는 이들이었다. 몇 달 전에 지역에 있는 장애인 협회들끼리 잘 해보자며 인사를 왔었고, 사무실이 공사중이라며 우리 사무실에서 며칠 동안 신세 진 적도 있는 사람들이었다. 나는 같은 장애인들끼리 서로 힘을 합치고 힘겨운 일을 공유하면 더 좋겠다는 생각에 아무런 의심없이 그 사람들을 받아들였었는데, 그게 화근이 될 줄은 꿈에도 몰랐다. 성실히 재판에 임했지만, 나는 패소했고, 그 길로 여주교도소에 수감되었다. 그렇게 팔자에도 없는 교도소 생활을 하게 되었다.

황금복권마트의 탄생

3개월 동안 교도소 생활을 하고, 아내가 보석금을 마련해 줘 간신히 사회로 복귀했다. 마음에 병을 얻을 정도로 상심하고 서글픈 상황이었지만, 나는 교도소 안에서 최대한 안정을 취하며 마음을 가다듬으려 노력했다. 기나긴 재활을 거치며 나는 어지간한 일에는 쉽게 좌절하지 않는 마음을 배웠고 내가 어떻게 할 수 없는 일에는 미련을 접고 지금 내 상황에 집중하는 법을 배웠다. 당연히 그날 이후로 장애인 협회 쪽은 쳐다도 보지 않았다. 재활하는 과정에서 나보다 힘든 사람들, 혹은 나와 같은 어려움을 겪고 있는 사람들에게 도움이 되는 일을 하겠다는 나름의 포부와 비전을 세웠지만, 그것이 내 주변 사람들과 가족들을 희생시킬 이유가 될 정도로 중요하지는 않았다. 게다가 이미 5년 동안, 질리도록 봉사 활동을 하지 않았던가. 그 끝이 좋다고 말할 수는 없었지만, 그래도 내가 한 행동에 후회는 없었다. 실제로 내 활동으로 이천 지역 장애인들의 복지가 좋아진 것은 사실이었으니까. 하지만 그건 어디까지나 나의 개인적인 만족에 불과했다. 내가 꿈을 쫓는 동안, 우리 가족들은 어두운 터널 같은 시간을 보내고 있었다.

원인은 돈이었다. 내가 교통장애인협회 회장을 하면서 집에 있는 돈을 가져다 사용하긴 했지만, 나도 염치가 있는 놈이라 많은 돈을 가져다 쓰지는 않았다. 하지만 무려 5년 동안이나 특별한 수입 없이 돈을 썼으니, 아내 입장에서 부담이 될 수밖에 없었다. 거기다 소송에 휘말린 동안 내 변호사 비용과 교도소에 들어간 보석금도 아내의 지갑에서 나왔다. 젊은 시절 번 돈으로 산 땅이 그래도 많이 올라서 당시의 나는 작은 건물 하나를 가지고 있었는데, 돈이 나올 구석이 없자, 어쩔 수 없이 아내는 건물을 급매로 팔아 버렸다. 나갈 돈을 모두 빼고 남은 돈은 3천만 원 정도. 그 돈으로 아내와 나는 13평짜리 작은 집을 하나 샀다. 새로운 보금자리를 마련하고 나자, 수중에는 돈 10원도 남지 않았다. 무일푼이 된 상태에서 본격적으로 먹고 살 일을 걱정하기 시작했다.

많은 사람들이 나이가 들면 도전을 겁내고 새로운 일을 시작하기 어려워 하지만, 나는 어린 시절부터 단 한 번도 도전을 멈춘 적이 없었다. 장애를 가지게 되면서 현실적인 어려움은 많아졌지만, 그게 내가 도전하지 못할 이유가 되지는 않았다. 집에 앉아 곰곰이 내가 할 수 있는 일들을 고민해 봤다. 아침이면 아내는 직장을 가고, 이제 중학생, 초등학생인 아이들인 학교를 가서 시간은 많았다. 하고 싶은 일은 셀 수도 없을 만큼 많았지만, 현실적으로 내가 할 수 있는 일은 많지 않았다. 집안에만 있기가 답답하면 이제는 일상이 된 산책을 나갔다. 운동 겸 동네를 돌아다니면서 내가 할 수 있는 일이 무엇인지를 생각해 보는 것이다. 그 시절의 나는 밖에서 보기에는 정말 비참하고 힘겨운 삶을 살고 있었다. 길을 걸어가다가 떡볶이를 먹고 싶어도 지갑에 단돈 천 원이 없어서 음식을 먹지 못했고, 수입이 너무 적어 정부에서 쌀이나 생필품을 지원해 주기도 했다. 장애인들을 도와주는 일을 했던 내가 다른 사람들에게 도움의 손길을 받아야 하는 처지가 된 것이다.

평범한 사람이라면 완전히 달라진 처지에 좌절감을 느끼며 금방 무너졌을지도 모를 일이지만, 나는 이상하게도 가슴이 뛰었다. 다치기 전에 왕성한 활동력과 열정을 자랑했던 것처럼, 무엇이든 할 수 있다는 자신감이 팽배해 있었고, 이런저런 일을 시도해 보고 싶다는 욕망도 생겼다. 가진 건 하나도 없고, 다른 사람이 보면 능력도 없는 평범한 장애인에 불과했지만, 당시 내게는 근자감, 근거 없는 자신감이 있었다. 어쩌면 그건 평생을 주도적으로 살아온 인생 덕에 DNA에 새겨진 내 최고의 재능인지도 몰랐다. 희망이 보이지 않는 상황에서도 나는 언제나 긍정적이고 밝은 내일을 꿈꾸었고 적극적으로 지금의 상황을 벗어나기 위해 끊임없이 고민하고 노력했다. 그런 노력이 빛을 발한 탓일까. 하루는 길을 걷다가 TV에서 복권 판매점을 모집한다는 공고를 보게 되었다.

'국가 유공자나 장애인만 신청할 수 있고, 추첨으로만 뽑는다라...장사도 해 봤으니까. 어렵지 않겠지.'

처음에는 큰 기대 없이 신청했다. 나는 어쩌다 공고를 보게 되어서 혹시나 하는 마음으로 신청했지만, 알고 보니 내 주변에 있는 대부분의 장애인들은 모두 신청했을 정도로 장애인들 사이에서는 핫한 이슈였다. 한국에서 처음으로 시도되는 복권 판매점이라 사람들의 관심이 쏟아지고 있어 자리만 잘 잡으면 먹고살 돈은 충분히 벌 수 있었고, 판매점 운영에 필요한 대부분의 재료를 정부에서 지원해 주기 때문에 초기 자금도 거의 들어가지 않았다. 그래서 복권 판매점의 장점을 아는 이들은 모두 여기에 당첨되기만을 바라고 있었다. 몇 개월 동안 이 모집 소식만 기다린 장애인들도 있을 정도였다. 이천 지역에서만 27명을 뽑는데, 여기에 2만 명이 넘는 인원이 신청했다는 기사도 있었다.

경쟁이 어마어마하게 치열한 일이라 내가 될 거라는 생각은 한 번도 하질 못했다. 아내에게 지나가는 말로 지원했다고 말은 했지만, 아내도 나도 될 거라 생각하지는 않았다. 나도 그렇고 아내도 그렇고 운이 좋은 편은 아니었으니까. 하지만 며칠 뒤, 평소처럼 방 청소를 하고 쓰레기를 버리려다가 낯선 노란색 봉투를 발견했다. 내게 온 우편이었는데, 아내가 바쁜 나머지 제대로 확인하지 못하고 쓰레기통에 집어넣은 서류였다. 그때는 당연히 안 될 거라 생각해서 나와 아내는 복권 판매점 신청을 했다는 사실도 까먹고 있었다. 내 앞으로 올 우편이 많지 않았기에 궁금해 하면서 봉투를 열었다. 봉투 안에는 내게 마지막 27번째로 이천시에서 복권 판매점을 열 수 있는 자격을 부여하겠다는 내용이 적혀 있었다.

 처음에는 뛸 듯이 기뻐했다. 그도 그럴 것이 그때 정부 주도로 시작된 복권은 사회 전체적으로 관심이 집중된 사업 중 하나였다. 언론에서는 연일 복권의 순기능과 역기능을 설명하는 보도가 쏟아졌고, 사람들은 일확천금을 노리며 복권 판매점이 열리기만을 기다리는 상황이었다. 이런 사회 분위기 속에서 제대로 된 복권 판매점을 운영할 수 있는 자격을 얻는다는 건 행운이나 다름없었다. 평생 운과는 거리가 먼 내게 찾아온 일생일대의 행운이었다. 문제는 내게 이 행운을 누릴 최소한의 자격이 있느냐 하는 것이었다. 복권 판매점을 운영할 수 있는 자격은 정부에서 정해주지만, 판매할 장소나 인테리어 등에 들어가는 비용은 온전히 내가 부담해야 했다. 문제는 당시 내게는 돈이 나올 구석이 정말 한 군데도 없었다는 것이다.

"여보, 어떻게, 돈 구할 데가 없을까?"
"돈? 있을 리가 없잖아. 당장 생활비도 모자라서 당신도 나도 아르바이트 해야 하는 처지에."
"아니, 그렇긴 한데. 너무 아깝잖아. 이거 복권 판매점은 하고 싶어 안달 난 사람들이 수두룩할 정도로 좋은 사업인데..."
"그렇긴 하지...그럼 일단 나도 좀 알아볼게."

아내와 나는 백방으로 돈을 빌리러 다녔다. 가족은 물론이고 친구와 지인, 1금융권과 2금융권까지. 아는 모든 인맥을 총동원하고 거의 모든 금융권에 문의한 결과, 딱 1,200만 원을 마련할 수 있었다. 내가 융통할 수 있는 최대한의 금액이었다. 그 돈을 들고 어떻게든 사업을 할 수 있는 가게를 마련하기 위해 이천 시내를 돌아다녔다. 당연하겠지만, 마땅한 장소가 없었다. 마음에 드는 목에 장사를 할 수 있을 만큼 넓은 장소를 대여하기에는 돈이 부족했고 반대로 돈에 맞춰 장소를 구하자, 판매점을 할 수 없을 정도로 장소가 좁았다. 시내 중심가는 애초에 꿈도 꾸지 않았고, 면 단위로 알아봤음에도 사정은 다르지 않았다. 시내에서 시작해 점점 외곽으로 알아보기 시작했다. 그러다가 시내 외곽의 한적한 곳에서 마음에 쏙 드는 장소를 발견했다.

기다란 2차선 비포장 도로가 딱 하나 있고, 주위에는 아무것도 없는 논밭. 도로 옆에 덩그러니 놓여 있는 1층짜리 건물. 장소가 장소인 만큼 건물이 제법 넓었는데도 그렇게 비싸지 않았다. 보자 마자 마음에 쏙 들었지만, 내 마음에 든다고 해서 그게 꼭 성공한다는 뜻은 아니었다. 나 스스로 납득을 하기 위해, 그리고 아내를 설득하기 위해서라도 제대로 된 검증이 필요했다. 비포장 도로 옆, 공터에 차를 세워놓고 일주일 동안 차가 얼마나 지나다니는지 조사를 시작했다. 예상대로 통행량이 많지는 않았다. 하지만 위치가 좋았다. 어디까지나 내 감과 분석에 불과했지만, 그 도로는 이천시 외곽의 통로였기에 지금 당장은 통행량이 적을 수 있지만, 이천시가 개발되고 도시의 범위가 확장되면 자연스럽게 통행량이 늘어날 것이 분명했다. 문제는 역시나 돈이있다. 장소가 장소인만큼 생각보다는 저렴했지만, 건물 자체의 크기가 제법 커서 보증금이 꽤 필요했다. 총 보증금은 2천만 원. 지금 가진 돈으로 본격적인 장사를 시작하려면 물건값까지 해서 최소 천만 원은 필요했다. 이전에 융통한 1,200만 원은 내 신용과 인맥을 끌어모은 것이었기에 이번에는 아내에게 부탁했다. 아내는 내가 선택한 가게 부지를 확인해 보더니 단박에 고개를 저어버렸다.

"여기에 복권 판매점을 하겠다고?"
"응. 지금은 좀 휑해 보여도 분명히 잘 될거야."
"미쳤어? 휑한 수준이 아니라 비포장 도로 옆에 건물 하나 덜렁 있는 수준인데 여기서 무슨 장사를 하겠다는 거야?"
"아, 아니. 여기는 길목이니까 좀만 기다리면 분명 개발될 거라니까?"

"그럼 그때 가서 다시 이쪽으로 오든가 해야지. 한 푼이 아쉬운 상황에서 뭐 하는 거야? 안돼. 여기서 할 거면 돈은 절대 빌려줄 수 없어. 망하려면 혼자 망해야지. 나까지 망하면 우리 애들은 어떻게 하라고?"

아내는 단호했다. 사실 이미 어느 정도 예상한 반응이기는 하다. 이 장소를 본 이들은 모두 하나같이 부정적인 반응이었으니까. 부동산 사장도 이곳보다 좋은 목이 있다며 굳이 추천은 하지 않았고, 함께 가게를 보러 왔던 친구 녀석도 주변에 아무것도 없어 걱정된다는 말을 남겼었다. 하지만 내 감과 본능은 이곳이 최적의 장소라고 지목하고 있었다. 이미 도로 옆 가게에 꽂힌 나는 다른 장소가 전혀 눈에 들어오지 않았다. 계속해서 아내를 설득했지만, 아내는 요지부동이었다. 실패 가능성이 높은 사업에 막무가내로 투자하기에는 우리 집의 경제 사정이 결코 좋지 않다는 것이었다. 그 말도 일리가 있었지만, 나는 어떻게든 이 가게를 해야 했다. 어쩔 수 없이 나는 아내에게 아쉬운 소리를 잔뜩 늘어놓을 수밖에 없었다.

"여보, 진짜 한 번만. 내 평생에 처음이자 마지막 부탁이야. 성공하든, 실패하든. 이걸로 끝. 다음부터는 아쉬운 소리 절대 안 할게."

자존심 때문에 평생 아쉬운 소리 몇 번 하지 않았던 나는 아내에게 간절하게 부탁했다. 아무리 머리를 굴리고 이런저런 방법을 고민해도 방법이 없었다. 남들 눈에는 망할 게 분명해 보이는 가게일지 몰라도, 내게는 성공의 씨앗이 너무나 확실히 보이는 장소였다. 아내는 나의 굳은 의지와 열망에 결국, 은행에서 보증을 서서 천만 원을 대출해 주었다. 비로소 2천만 원을 마련한 나는 들뜬 마음으로 계약을 하고 가게를 꾸미기 시작했다. 당시 내게 남은 돈은 200만 원. 복권 용지 같은 건 정부에서 보내주기 때문에 따로 비용이 들어가진 않았고 가게 인테리어 비용과 매장에 비치해 둘 물건을 구매하는 데 200만 원이 모두 들어갔다. 비용을 아끼겠다고 내가 직접 진열장을 만들기도 하고, 손님들이 번호를 찍을 수 있는 테이블도 친구에게 얻어서 마련했다.

  우여곡절 끝에 어렵게 시작한 복권 판매점이었지만, 나는 금방 성공할 자신이 있었다. 열의가 넘쳤기 때문에 가게 뒤편에 아주 작은 골방 하나를 만들어서 몇 달은 그곳에서 먹고 자며 가게 운영에 전념했다. 아침 5시에 일어나 골방에서 라면 하나를 끓여 먹고 6시에 문을 열고 밤 12시까지 영업을 했다. 아르바이트를 쓰는 것도 아니고, 다른 사람이 도와주는 것도 아니라서 하루 종일 내가 가게를 지키고 앉아 있었다. 정말 부지런히, 최선을 다해 영업을 했지만, 결과는 그렇게 좋지 않았다. 아내나 친구들 말대로 주변에 아무것도 없는 허허벌판이라 애초에 사람들이 많이 다니는 장소가 아니었고 차도 몇 대 다니지 않았다. 주변 공사장에서 일하는 인부들이나 논밭에서 일하는 농부들 몇몇이 손님의 전부였으니, 장사가 잘 될 리 없었다. 거의 하루 종일 문을 열고 있었는데, 하루에 5만 원을 벌지 못한 날도 있었고, 그보다 더 적게 번 날도 적지 않았다. 그럼에도 나의 열정은 쉽게 사그라들지 않았다. 아내에게 말한 것처럼, 나는 이 사업을 내 인생의 마지막 사업으로 여기고 있었다.

협회 활동을 하면서 나는 장애인들에 대한 사회의 시선이 어떤지를 너무나도 잘 알게 되었다. 대다수의 사람들은 장애인에게 연민과 동정의 시선을 보내며 안타깝다고 말하지만, 그들에게 실질적인 도움을 주는 데는 인색하다. 게다가 만약 장애인들에게 혜택을 주는 대가로 자신이 조금이라도 피해를 봐야 한다면 누구보다 냉정해지는 게 대중이었다. 장애인이라고 사회에서 혜택을 보는 일은 많지 않았다. 오히려 장애인이기 때문에, 더욱 혹독하고 냉정한 시선을 감당해야 할 때가 많았다. 이런 사회 분위기에서 성공하려면, 정상인들과 정당하게 경쟁하고 그 경쟁에서 승리하기 위해서는 남들보다 10배, 20배 더 열심히 하고, 노력해야 한다는 사실을 나는 누구보다 잘 알고 있었다.

그래서일까. 나는 복권 판매점을 나만의 전장이라고 생각했다. 생과 사의 경계가 얽혀있는 잔혹한 장소라는 마음으로 누구보다 최선을 다했다. 사건 사고도 많았다. 아침에 골방에서 잠을 깨면 라면이나 빵으로 아침을 때우고 매장으로 나가 문을 여는 것이 내 아침 일과 중 하나였다. 하루는 평소와 다름없이 5시에 일어나 라면을 먹는데, 이상하게 몸이 무거웠다. 하루 종일 카운터를 지키고 12시에 자서 5시에 깨는 일상을 반복하다 보니 피로가 누적된 것이었다. 나는 그런 줄도 모르고 가볍게 기지개를 켜고는 문을 열려고 일어났다. 전날 비가 와서 매장 바닥에 물기가 있었는데, 나는 그 사실을 까맣게 잊어버리고는 평소처럼 가볍게 한 발을 내딛었다. 바닥에 지팡이가 닿는 순간, 그대로 지팡이가 앞으로 미끄러지면서 나도 그대로 바닥을 나뒹굴었다.

"아악!"

나도 모르게 비명이 새어 나왔다. 당시만 해도 매장 바닥이 시멘트로 되어 있었는데, 그 바닥을 그대로 굴러버리면서 무릎과 팔뚝이 까져서 피가 흘렀다. 땅을 짚고 일어나보려 했지만, 피곤이 쌓인 탓인지 손과 발에 힘이 들어가지 않았다. 집에서는 힘들기는 해도 붙잡고 일어설 물건이 있으면 어떻게든 일어날 수는 있었다. 그런데 지금은 잡고 일어설 물건이 없었다. 바닥에 앉을 수만 있어도 상황이 호전될 것 같았지만, 아예 몸을 일으키는 일 자체가 마음대로 되지 않았다. 팔뚝과 어깨에 거대한 짐덩어리 몇 개가 올라가 있는 기분이었다. 팔이 부르르 떨렸고, 까진 부위에서는 고통이 스멀스멀 올라왔다. 그렇게 얼마나 누워 있었을까. 다행히 첫 손님이 문 너머로 내가 널부러져 있는 모습을 보고는 뒷문으로 들어와 일으켜 주었다. 장애인 혼자서 가게를 운영하다 보니, 이런 일이 비일비재했다.

소변도 문제였다. 재활을 통해 대부분의 신체 기능이 그래도 어느 정도까지는 올라왔지만, 소변은 조절이 힘든 부분이었다. 근육과 달리 재활이나 의지로 단련할 수 없는 신체기관이었기 때문이다. 의사들은 회복될 때까지 소변줄을 끼고 다니라고 조언했지만, 그렇게까지 하고 싶지는 않아서 당시의 나는 소변줄을 빼고 생활을 하고 있었다. 다행히 감각이 올라오면서 스스로 소변을 볼 수 있을 정도까지 몸이 회복되어 일상생활에는 문제가 없었다. 그런데 복권 판매점을 하면서 이 소변이 문제가 되었다. 화장실을 갈 시간이 없었던 것이다. 몸이 많이 회복되었다고 해도 나는 일반인보다 걸음이 느리고 소변을 보는 데도 시간이 많이 걸린다. 아무리 적게 잡아도 소변을 보러 가는데 걸리는 시간은 15분 남짓. 그 시간 동안 매장을 비워둘 수는 없었다. 그래서 카운터 뒤편에 페트병을 잘라서 소변 통을 만들어 두기도 했다.

여름에는 몸이 힘들었다. 사고가 난 이후에 나는 땀샘이 막혔는지 아무리 더워도 땀이 잘 나지 않았다. 운동을 하면 땀이 조금씩 새어 나오긴 했지만, 단순히 더위로 인해 땀이 나오는 경우는 많지 않았다. 그래서 여름이면 속에서 불이 튀어나오지 않을까 싶을 정도로 몸이 익어버렸다. 당시만 해도 에어컨이 대중화되지 않았던 시절이라 선풍기 한두 대로 버텨야 했는데, 그것도 한계가 있었다. 얼굴이 벌겋게 익어가고 머리카락까지 뜨거워질 정도가 되면 매장 밖으로 나와 차가운 물을 머리 위에서 들이부어 열을 식히고 들어갔다. 정상인들처럼 허리를 숙여 등목을 하거나, 머리에만 물을 뿌릴 수가 없어 선 채로 물을 뿌렸기 때문에 내 옷은 항상 젖어있는 경우가 많았다. 몸 안의 열기를 식히기 위해 아이스크림을 끊임없이 먹기도 했다. 한여름에는 하루에 20개, 30개가 넘는 아이스크림을 먹어가며 매장을 지킨 적도 많았다.

 정상인이 아닌, 장애인의 몸으로 매장을 꾸준히, 그리고 오래도록 유지하기 위해서는 어쩔 수 없었다. 남들보다 시간이 걸리고 움직임이 부자연스러운 만큼, 남들보다 훨씬 많은 시간을 투자해야 했다. 판매점을 시작하고 10년 동안, 나는 단 하루도 가게를 쉬어 본 적이 없다. 몸살로 금방이라도 쓰러질 것 같을 때도 어떻게든 매장으로 나갔고, 명절에도 당일 오전이나 전날 오전에 잠깐 제사를 지내고는 곧바로 가게로 돌아왔다. 쓰러져도 가게에서 쓰러지겠다는 마음가짐으로 가게 운영에 영혼을 바쳤다. 그렇게 열과 성을 다해도 손님은 쉽게 늘지 않았다. 간신히 적자는 면하는 수준이었지만, 그렇다고 이득을 얻지도 못하는 상황이 계속되었다.

'이대로는 안돼. 나는 여기에 남은 인생하고 목숨을 걸었어. 어떻게든 방법을 강구해야 겠다.'

어차피 시간은 많았다. 손님이 없는 시간, 그리고 가게 문을 닫고 골방으로 들어간 뒤에 연구를 시작했다. 사람들이 복권 판매점을 방문하는 이유는 당연히 복권을 구매하기 위해서다. 그렇다면 복권을 구매하는 이유는? 돈을 원해서다. 하지만 정말 간절하게, 당첨되지 않으면 큰일이 난다는 마음으로 복권을 구매하는 이들은 많지 않다. 대부분은 마치 일상 속 작은 행운을 발견한다는 느낌으로, 혹은 지인들과의 특별한 추억을 위해 복권을 구매하는 경우가 많다. 즉, 우리 매장은 손님들에게 행운을 선물하는 판매점이라는 뜻이었다. 그렇게 생각하자, 답이 조금씩 보였다. 행운을 얻기 위해 가게를 방문하는 사람의 마음이 부정적일 리가 없었다. 그렇다면 그들에게 마음을 열 수 있는 계기를 만들어주면 되었다. 단순히 복권을 판매하는 가게가 아닌, 행운을 판매하는 가게가 되면 사람들은 저절로 몰려들 것이 분명했다. 그렇다면 사람들에게 행운을 선물하기 위해서는 어떻게 해야 할까. 다음 날부터 그걸 고민하기 시작했다. 일단 시작은 인사였다. 웃는 얼굴에 침 못 뱉는다는 말처럼 웃는 얼굴로 먼저 인사를 건네는데 싫어할 사람이 있을 리가 없었다.

"안녕하세요. 어서 오세요."

"아 예. 안녕하세요."
"오늘 날씨 좋네요. 행복하세요."

정말 평범하고 진부한 인사말이었지만, 그게 효과가 있었다. 인사를 받은 사람들의 얼굴에 작지만 옅은 미소가 심어졌고, 조금은 기분이 좋아지는 것 같았다. 나는 평생을 공장이나 저잣거리에서 장사를 하며 보냈기에 남들에게 듣기 좋은 말이나 살가운 표정을 짓지 못한다. 처음에는 어색하고 내가 생각해도 부자연스럽게 인사를 건네는 수준이었지만, 그것도 계속 반복하고 연습하니 조금씩 나아졌다. 복권을 건네줄 때도 마찬가지다. 대부분의 복권 판매점은 돈을 받으면 무표정한 얼굴로 기계에서 용지를 뽑아서 건네주기만 할 뿐, 덕담이나 미소는 전혀 건네지 않았다. 하지만 나는 돈을 받을 때, 복권을 줄 때, 미소를 띠며 아주 짧게라도 덕담을 건넸다.

"꼭 당첨되세요~!"
"어이쿠. 천 원 더 주셨네. 당첨될 거니까 미리 주시는 건가요?"
"다음 주에 또 뵙겠습니다."

소소하지만 진심이 담긴 인사말이었다. 처음에는 이런 인사를 부담스러워 하는 사람들도 몇 있었지만, 몇 달 동안 같은 톤과 컨셉을 유지하자, 손님들도 들어서며 마주 인사를 해주었다. 여기에 단골도 기억해 두는 센스를 보였다. 복권은 보통 일주일에 한 번씩 당첨 결과가 나오기 때문에 복권을 자주 사는 사람들은 일주일마다 매장을 방문한다. 그런 사람들은 기를 쓰고 기억하려 애썼다. 어떤 특징이 있고, 어떤 물건을 주로 사는지. 외모나 신체에 변화는 없는지. 다행히 눈썰미는 나쁘지 않아서 사람들의 특징을 기억하는 게 어렵지는 않았다. 매일매일 노트에 단골들의 특징을 적어 그들을 기억했다. 그리고 손님이 방문했을 때, 정말 가볍지만, 특별한 인사말을 건넸다.

"지난주에 기침 좀 하시던데, 감기는 괜찮아지셨어요?"
"어? 머리 자르셨네요. 잘 어울리세요."

센스있는 인사말도 있었다. 올 때마다 같은 담배를 정해진 수량만큼 사는 손님이 있다면 그 손님의 얼굴이 보일 때부터 담배를 꺼내놓았다. 그리고 그 손님이 카운터에 서면 아무런 말도 없이 계산할 금액을 알려주며 한 마디를 덧붙였다.

"우리는 말이 필요 없는 사이죠?"

그러면 손님도 웃으며 긴장이 풀어져 가벼운 농담을 주고받는 사이가 되는 경우가 많았다. 처음에는 무섭고 냉정해 보이던 손님들도 계속 인사를 건네고 미소를 보내주면 어느새 마음의 장벽이 녹아, 되려 내게 먼저 인사를 건네기도 했다. 그 손님들은 내가 자신들을 알아봐 주고, 관심 가져 준다는 사실 자체가 기분이 좋았다고 한다. 나름 단골인데도 얼굴이나 특징을 기억하지 못하고 기계처럼 복권만 파는 사람들이 수두룩한데, 우리 가게는 그렇지 않아서 좋다는 것이다. 사람 냄새가 난다는 이유로 일부러 우리 가게로 방문하는 이들도 많았고, 손님으로 왔다가 나와 친해져서 친구가 된 사람도 있었다. 그렇게 몇 개월 동안 공을 들이자, 소문을 탔는지 단골이 점점 늘어니고 손님도 많아졌다. 그리고 판매점 오픈 11개월 만에, 우리 판매점에서 복권 1등이 당첨되는 경시기 벌어졌다.

'됐어. 기회다. 이 좋은 기회를 놓칠 수는 없지.'

그날로 현수막을 300장 가량 주문했다. 그리고 사람을 써서 이 300장을 이천시 시내 곳곳에 모두 걸어버렸다. 가게 앞이나 도로 주변, 읍면동 사무실이나 대로변 등 사람이 셋 이상 다닐 수 있는 번화가에는 모두 현수막을 걸어 홍보를 했다. 지금은 정해진 장소에만 현수막을 걸 수 있게 되어 있지만, 당시에는 그런 규제가 없었기에 가능한 홍보 방법이었다. 1등이 당첨된 복권 판매점이라는 사실은 사람들에게 기분 좋은 희망을 선물했다. 이천시 전역에 홍보를 하자, 손님이 급격하게 늘었다. 손님이 늘어났다고 해서 내가 하는 일이 바뀌지는 않았다. 여전히 나는 손님들의 특징과 구매 목록을 기억해서 특별한 인사말을 건네는 정성을 보였고 손님들과 가벼운 스몰 토크를 즐기며 우리 가게가 동네의 작은 사랑방이 될 수 있도록 애썼다. 손님이 많아지고, 통행량이 늘어나자 땅값이 올랐고, 내 예측대로 주변 도로를 중심으로 개발 계획도 세워졌다. 건물 주인은 내가 장사를 잘해 땅값과 주변 여건이 좋아졌다며 무려 5년 동안 임대료를 늘리지 않는 호의를 베풀어주기도 했다.

우리 가게만의 또다른 특징 중 하나는 벽에 붙어 있는 이 주의 행운 번호다. 복권 판매점을 시작하면서 나는 밤마다 복권의 패턴을 연구했다. 가방끈이 긴 편은 아니지만, 내게는 하나에 꽂히면 끝까지 파고드는 끈기가 있었고, 남들이 하지 않는 독특하고 유니크한 일을 시도하며 탐구하는 피곤한 성정을 가지고 있었다. 그런 내가 운영하는 판매점이 다른 곳과 같을 수는 없다고 생각했다. 남들에게 행운을 선물하는 판매점이 되겠다고 마음먹은 나는 그 행운도 내가 직접 만들어 보겠다는 야심 찬 생각에 복권의 당첨 패턴을 연구했다. 매주 당첨된 번호를 쭉 써서 당첨에 어떤 패턴이 있는지를 고민하고 또 고민했다. 로또뿐만 아니라 스포츠 토토도 끊임없이 결과를 분석해 나름의 패턴을 찾아내는 데 집중했다. 직접 커다란 달력 위에 번호를 적어가며 수십 개의 패턴을 만들었고, 그 패턴을 기반으로 예상 당첨 번호를 만들어 가게 한쪽에 걸어두었다. 당연히 우려의 목소리가 터져 나왔다.

"아니, 그거 따라서 샀다가 당첨 안 되고 우리 탓이라고 할 수도 있잖아요. 그런 걱정은 안해요?"

"아니, 예상이라고 써 놨잖아. 예상. 예상한다고 다 맞으면 그게 예상이 아니지. 손님들도 그냥 재미로 하는 거야. 그리고 그렇게 따지면, 우리 가게에서 당첨된 사람은 우리 탓인가? 그것도 아니잖아. 다들 그 정도쯤은 알고 계신다니까."

아내의 걱정과 달리, 손님들의 반응은 폭발적이었다. 무작위로 추첨되는 기계의 행운을 믿기보다는 내 분석을 믿는다는 손님들도 있고, 새미로 웃으며 내가 섞어놓은 예상 번호 그대로 사 가는 사람들도 있었다. 분석해 놓은 패턴도 걸어놓은 적이 있는데, 진지한 표정으로 그 패턴의 의미를 설명해 달라는 손님도 있었다. 예상 번호라는 이름도 너무 식상한 것 같아 매주 이름을 바꾸었다. '주인장의 꿈에서 나온 번호', '마음이 행복해지는 번호', '사랑이 넘치는 번호' 등등. 아예 이 번호를 하나의 이벤트로 만들어 버렸다. 나의 노력이 빛을 발한 것일까. 사람들이 계속해서 늘어나기 시작했다. 입소문을 타서 이천뿐만 아니라 수원이나 여주, 용인에서 이곳까지 방문하는 손님도 있었다. 손님이 너무 많아서 기다리는 이들이 가게를 빙 둘러서 길가에까지 줄을 설 정도였다. 가게를 막 확장했을 때는 본사에서 사람이 찾아오기도 했다.

"저희가 전국에 있는 특이한 로또 판매점을 소개하고 있습니다.

벤치마킹할 부분이 있으면 그걸 정리해서 전국 판매점으로 확대하려고 하는데요. 황금복권마트가 독특한 서비스를 많이 실시하고 있다고 해서 회사 차원에서 방문해 보려는데, 괜찮을까요?"

본사 차원에서 장사가 잘 되는 판매점의 비결을 알아보고 그걸 홍보하기 위해 임원을 포함해 몇 사람이 찾아왔다. 우리 가게를 방문한 임원들은 연신 감탄사를 내뱉으며 내게 엄지를 치켜세웠다. 그들이 말하기를 이렇게까지 열정적으로, 그리고 독특하게 복권 판매점을 운영하는 주인은 처음 본다는 것이었다. 대부분의 복권 판매점은 굳이 이렇게까지 하지 않아도 알아서 장사가 잘 되는 경우가 많아 마케팅이나 서비스에 크게 신경을 쓰지 않는다. 그런데 우리 가게는 가게 곳곳에 내 정성이 묻어있다며 칭찬이 쏟아졌다.

"이야, 행운의 번호. 이런 거는 다른 매장에서 해도 되겠는데, 사장님. 이런 거 저희가 다른 매장에 좀 적용을 해도 될까요?"
"아유, 그러면 제가 오히려 영광이죠. 더 많은 사람들이 즐겁고 행복해지는 길이면 뭐, 저는 아무 상관 없습니다."

어느새 황금복권마트는 본사에서도 감탄하며 우리 매장의 시스템을 벤치마킹할 정도로 전국적으로 성공한 매장이 되어 있었다. 기억에 남는 손님들도 많았다. 매주 서울에서 이천까지. 복권을 구매하러 오는 손님도 있었다. 50대에 무척 정중하고 예의있는 신사 분이었다. 처음에는 혼자 가만히 오셔서 복권만 구매해 가셨는데, 어느 정도 시간이 지나 친분을 쌓게 되자, 조금씩 자신의 이야기를 하셨었다. 집과 직장이 모두 서울에 있는데, 매주 금요일만 되면 버스와 택시를 타고 우리 가게까지 방문하신다고 했다.

"허허. 내가 따로 취미라고 할 게 없어서 매주 금요일마다 복권을 사러 다니거든요. 지금까지 서울에 있는 유명한 복권 판매점은 다 가봤는데, 이상하게 한 번도 당첨이 안돼더라구요. 그런데, 꼭 여기만 오면 당첨이 잘 되더라고. 뭐 그래봤자 오천원, 만원 이런 식인데. 그래도 사람 기분이 그게 아니잖아요. 게다가 사장님도 매번 반겨주시니, 오지 않을 도리가 있나."

처음으로 멀리서 오신 손님도 기억에 남는다. 하루는 오전 11시가 되자, 중년 여성분 3명이 들어왔다. 보통 복권이 목적인 사람들은 오자마자 카운터로 와서 복권부터 사기 마련이지만, 이 여성분들은 서로 하하호호 웃으며 우리 가게를 구경하고 계셨다. 직감적으로 멀리서 오신 손님이라는 걸 눈치채고 웃으며 응대를 시작했다.

"사장님~! 우리 소문 듣고 엄청 멀리서 왔으니까, 1등 당첨되는 좋은 복권으로 주세요~!"

"아무렴요. 잘 챙겨드려야죠. 그런데, 멀리 어디서 오셨어요?"
"저희 부산이요! 부산에서 여기 소문 듣고 왔어요."
"그래요? 진짜 멀리서 오셨네. 그럼 제가 좋은 번호로 예쁘게 드려야죠. 자, 여기! 그럼 꼭 1등 당첨되세요~!"
"호호호. 사장님. 말씀 너무 잘하신다. 고맙습니다~!"

부산에서 굳이 여기까지 복권을 사러 오셨다는 그분들을 위해 정성껏 복권을 뽑아드렸다. 직접 번호를 추천까지 해주었다. 나와 대화를 나누고, 가게를 둘러보는 내내, 손님들의 얼굴에서 미소가 끊이질 않았다. 말 그대로, 행운이 아닌, 행복을 구매하러 오신 분들 같았다. 그런 분들을 볼 때면 나도 모르게 미소가 지어지며 사명감이 느껴지기까지 했다. 마치 내가 하는 일이 그들에게 행복을 쥐어주는 것 같은 기분이었다.

강원도 강릉에서 온 손님도 있었다. 그 손님도 매주 오시는 손님이었는데, 그 분이 우리 가게에 오게 된 건 정말 순전한 우연이었다. 거래처가 서울에 있어 서울을 방문했다가 집으로 돌아가는 길, 그 손님은 길을 잘못 들어서 이천까지 오고 말았다고 했다. 성정이 무척 여유로운 분이셨고, 마침 급한 일도 없어 이천을 둘러보다가 우리 가게를 발견했다고 한다. 낮인데도 사람들이 줄을 길게 서 있길래 궁금함에 가게를 방문했고, 뭔가에 홀린 듯, 복권 몇 장을 구매했다.

"참 나. 그렇게 우연히 구매한 복권이 3등에 당첨될지 누가 알았겠냐고. 강릉에서 그렇게 주구장창 살 때는 5천원 한 번 당첨된 적도 없었는데. 이 가게 터가 좋은 거야, 아니면, 사장님 운이 좋은 거야?"

손님은 나를 만날 때마다 엄지를 치켜세우며 고맙다고 인사를 건넸다. 무엇이 그리 고마운지는 모르겠지만, 나를 보면 자기도 모르게 기분이 좋아진다는 것이다. 그래서 시간이 날 때마다 우리 가게를 방문해서 복권을 구매하고 나와 수다를 떨고는 했다. 진구나 거래저 사림늘을 데리고 오면서 우리 가세를 '행운의 가게'라고 소개하기도 했었다.

한 번 입소문을 탄 복권 판매점은 전국에서 이름난 명소가 되었지만, 부침이 없었던 건 아니다. 가장 큰 문제는 장사가 너무 잘 된다는 것이었다. 이전에 땅 주인은 내 덕에 주변 땅값이 오르고, 사람들도 많아지면서 개발 호재가 생겼다고 임대료를 5년 동안 동결해 줬지만, 바뀐 땅 주인은 장사가 잘되면 잘 되는 만큼 돈을 더 내야 한다며 2년에 무려 세 번이나 임대료를 올렸었다. 나뿐 민 아니라 주변에 있는 가게들 모두가 그런 피해를 겪있고, 일나 지나지 않아서는 아예 본인이 장사를 해야겠으니, 나가라는 말까지 들어야 했다.

'내가 여기서 어떻게 자리 잡았는데. 그래. 지금은 돈이 없는 것도 아니잖아. 이제는 내가 직접 땅을 사서 해 보는 거야. 그 정도 능력은 된다.'

땅 주인의 횡포에 졸지에 가게를 잃어버리게 생긴 우리는 바로 옆에 있던 땅을 사서 아예 건물을 올려버렸다. 처음에는 돈이 많이 없어서 땅만 사 놓고 작게 건물을 지었다. 건물을 짓는 김에 아들 부부가 카페를 하고 싶다고 해서 옆에 작게 카페를 차려주기도 했다. 카페와 복권 판매점이 함께 있는 특별한 가게가 된 것이다. 복권을 사러 왔다가 커피를 마시고, 커피를 마시러 왔다가 복권을 사는 손님들이 많았다. 카페도 처음부터 잘 된 건 아니었다. 커피가 맛있긴 해서 알음알음 찾아오는 이들이 있었지만, 따로 홍보를 하지 않아서 입소문만 조금 난 정도였다. 요즘 말로 하면 킥이라고 해야 할 무언가가 없었다.

"그러지 말고, 강냉이를 좀 준비해서 주는 건 어떠냐?"
"강냉이요?"
"응. 내가 커피 마셔보니까 강냉이랑 잘 어울리는 것 같던데. 이게 그냥 나가면 푸석푸석해서 맛이 없고 밥통에 데워놨다가 조금씩 덜어서 따뜻하게 나가면 좋을 것 같은데."

아들은 긴가민가 하면서도 내 말대로 밥통을 준비해서 강냉이를 데워서 서비스로 내놓았다. 반응은 폭발적이었다. 금방 튀긴 강냉이처럼 따뜻하고 식감이 살아있는 강냉이는 우리 가게의 대표 메뉴가 되어버렸다. 한 번 강냉이를 맛본 손님들은 꼭 두 번, 세 번 방문했다. 강릉에서 강냉이 하나 때문에 이천까지 왔다고 너스레를 떠는 손님들도 제법 있었다. 그렇게 아들 부부와 행복하게 장사를 하다가 가게 인근에 2차선 도로가 생기고 아파트가 들어선다고 해서 어쩔 수 없이 또 가게를 옮기게 되었다. 처음 이곳에 자리 잡았던 내 혜안이 맞아떨어진 건 좋은 소식이었지만, 그동안 쌓은 단골들과의 관계를 포기해야 한다는 게 내게는 너무 아쉽고 슬픈 일이었다. 하지만 어쩌겠는가. 나라에서 도로를 낸다고 하니. 나는 어쩔 수 없이 200m 떨어진 장소로 이사를 가야 했다. 이때, 지금의 황금복권마트 빌딩 건축을 계획했다.

'이렇게 다른 요인 때문에 가게를 계속 옮겨 다닐 수는 없어. 내가 죽기 전까지 마음 편하게 장사할 수 있는 판매점을 만들어야지.'

새로운 건물을 짓느라, 건물이 올라가는 동안은 인근에 있는 10평짜리 작은 점포에서 장사를 할 수밖에 없었다. 바로 매출이 반 넘게 팍 떨어졌다. 주차할 공간도 마땅치 않았고, 건물도 작아 오래된 단골 외에는 많은 손님이 발길을 끊어버렸다. 힘겨운 시간이었지만, 그동안 10년 넘게 복권 판매점을 경영해 온 노하우가 있었기에 어찌어찌 버틸 수 있었다. 여전히 손님들과 친구처럼, 혹은 오래된 연인처럼 서로를 배려하고 애정을 담아가며 영업을 이어갔다. 그리고 마침내, 꿈에도 그리던 건물이 완공되었다. 주차장도 널찍하고 내부 공간도 커서 마음에 쏙 들었다. 이미 노하우가 많이 쌓여 있었고, 단골들도 많았기에 자리는 금방 잡았다. 아예 전국적으로 소문이 나서 이제는 부산이나 전라도, 광주에서도 사람들이 엄청나게 방문하는 이천의 명소가 되어 버렸다.

다시 장애인협회로

목권 판매점이 점점 자리를 잡아가던 2020년 즈음이었다. 이제는 그래도 어디서 굶어 죽지 않을 정도로는 돈을 벌던 시기, 과거에 연을 맺었던 인연이 내게 연락을 해 왔다. 장애인연합회장의 사무장을 하던 친구였다. 과거의 추억을 이야기하며 기분 좋은 마음을 녀석을 만나는 자리에서 사무장은 내게 특별한 제안을 했다.

"형님. 이제 다시 회장 해 주시면 안됩니까?"
"뭐. 장애인협회? 됐다. 내가 거기 얽혔다가 감옥까지 다녀왔는데, 그 짓을 또 하겠냐? 아서라."
"아니, 알만한 사람들은 다 알잖아요. 그게 형님 잘못이 아닌 거. 사비 털면서 우리를 도와준 사람이 몇이나 있다고."
"신소리 그만하고 사무장 자리나 잘 지켜. 그래도 나 없는 동안 잘 굴러갔잖아."

"에휴. 말도 마요. 제대로 된 사람 하나도 없습니다."

사무장은 한숨을 내쉬며 내가 그간의 사정을 이야기했다. 내가 교통장애인협회 회장을 그만둔 이후, 이천시장애인협회는 꽤 많은 부침을 겪었다고 한다. 몇 사람이 회장을 연달아 역임했고, 사무장도 진심을 다해 회장들을 도와주려 애쓴 적도 있지만, 대부분의 사람들은 장애인들을 도와주는 흉내만 내고, 진짜 장애인들의 인권이나 생활에 관심을 가지는 이는 많지 않았다는 것이다. 2010년대 이후부터 한국사회에서도 장애인에 대한 인식이 많이 좋아져서 정부의 지원이나 기부금이 꽤 많아졌다. 문제는 이 지원이 대부분 협회에게 전달되는데, 협회의 큰일을 결정하는 것이 회장이라 회장이 의지가 없으면, 협회가 일을 하지 않을 수도 있다는 것이다. 사무장은 지금까지 자신이 모신 협회장 중에 진심으로 장애인들을 위해 노력한 사람은 나밖에 없다는 입에 발린 소리도 덧붙였다.

"내 얼굴에 금칠한다고 뭐 안 나와."
"아니, 진짜라니까요. 형님처럼 돈 욕심 안 내고 장애인들 위해서 한 사람이 없어요. 내가 몇 년 전부터 다시 모시려고 했는데, 형님 생활도 있고 하니까. 좀 안정되실 때까지 기다린 겁니다. 이제는 형님도 시간적으로 여유가 좀 있으시잖아요. 좀 도와줘요."
"장애인연합회 회장 맡아달라는 거지? 너...예전에 내가 그거

한 번 하려다가 무슨 꼴 당했는지 알잖아. 알면서 또 부탁하는 거야?"

　사무장은 아무런 말도 하지 못했다. 내가 교통장애인협회 회장을 하고 있을 때, 이천시에 있는 다른 장애인협회들이 모여서 연합회를 구성하고 연합회장을 뽑는 자리가 있었다. 교통, 시각, 청각, 지체, 신체장애인협회. 이렇게 5개 단체가 소속된 총 연합회 회장을 뽑는 중요한 자리였다. 그때의 나는 장애인들을 돕는 일 외에는 아무것도 눈에 들어오지 않았던 시절이라 야심차게 출마를 했었다. 당시 당선 가능성이 있는 인물은 교통장애인협회 회장을 맡고 있는 나와 지체, 신체장애인협회 회장을 맡고 있는 A라는 인물이었다. 결과적으로는 A가 연합회 회장이 되었지만, 그 과정에 말이 많았다. 일단 연합회장 선거라는 꽤 큰 규모의 선거를 치를 때는 꼭 선거관리위원회의 공증을 받아야 했다. 장애인연합회는 엄연히 정부의 지원을 받는 조직이었기에 당연한 일이었다. 하지만 그날 선거는 장애인 연합회가 자체적으로 진행했다. 투표 방식도 문제였다. 투표는 각 단체에 소속된 10명의 회원이 나와서 투표를 하게 되어 있었다. 사전에 미리 조사해 본 바로는 시각, 청각, 교통장애인협회 회원들은 나를 지지하고, 신체, 지체장애인협회 회원들은 A를 지지하고 있어서 예상대로 투표만 된다면 내가 당선될 가능성이 유력했다. 그런데 시각장애인협회 회원들이 모두 A를 투표해서 내가 선거에서 지고 말았다. 나중에 알아보니, 시각 장애인의 투표를 돕는 자원봉사를 지체장애인협회가 도맡았다. 시각 장애인들은 시력이 좋지 않아 투표지를 볼 수 없으니까. 그들이 나를 뽑는다고 해도 자원봉사자가 A를 기재해 투표해 버린 것이다.

명백한 부정선거였지만, 당시에는 증거가 없었다. 게다가 지고 나서 그런 이야기를 한다는 게 변명 같아 아무런 말도 하지 않았었다. 나뿐만 아니라 다른 장애인협회 회장들과 사무장들도 사정은 대충 알고 있었지만, 굳이 분란을 만들지 않으려 외면하고 넘어간 일이었다. 애초에 당사자인 내가 적극적으로 나서지 않았기 때문이기도 했다. 그 사건과 감옥살이 등 여러 사건을 겪으면서 나는 장애인협회 쪽으로는 오줌도 싸지 않겠다고 결심하고 또 결심했었다. 사무장과 작별하고 난 뒤, 여느 때처럼 판매점 장사에 매진하는 데 마음이 개운하지가 않았다. 해야 할 일을 하지 못하고 도망간 것 같은 기분. 내가 세상을 더 아름답게, 좋게 만들 수 있는데, 그 책임을 다하지 않는 것 같은 찝찝한 기분이었다. 그렇게 몇날 며칠을 고민한 끝에 나는 다시 사무장에게 전화를 걸었다.

"그래. 하자. 해! 내가 장애인 될 때 결심한 것도 있으니까. 그런데, 나 꽤 오랫동안 쉬었는데, 자격이 되나?"

"아유! 잘 생각하셨어요. 일단 장애인 복지회라고 있어요. 조금 규모가 작은 단체이긴 한데, 그저 활동하면서 천천히 해보시면 되죠. 뭐."

장애인 복지회를 시작으로 이런저런 장애인협회를 거치고, 마침내 나는 지체장애인협회 회장이 되었다. 확실히 예전보다는 장애인에 대한 대우가 좋아져서 지원금이나 기부금도 많았고, 회원 수도 적지 않았다. 그럼에도 나는 여전히 예전처럼 장애인들을 직접 찾아다니면서 함께 식사를 하고, 허드렛일을 도맡아서 했다. 그게 내가 할 일이라는 신념이 있었기 때문이다. 예전보다 경제 사정도 좋아져서 훨씬 많은 장애인들에게 더욱 많은 도움의 손길을 내밀 수 있었다. 그것만으로도 가슴 속의 응어리가 어느 정도 풀리는 것 같았다. 이제야 내가 바람직한 일을 하고 있다는 확신이 들었다.

지체장애인협회장이 된 이후, 내가 한 첫 번째 일은 예전 교통장애인협회 때 만들어 놓은 장애인 주차장과 관련된 장애인 시설을 전수 조사하는 일이었다. 20년 전에 내 고집으로 이천시 전국 읍·면·동 사무소에는 장애인 주차장이 만들어졌지만, 20년 동안 망가지고 지워진 주차장이 많았다. 표지판이 쓰러져 있거나, 아예 리모델링을 하면서 장애인 주차장을 축소, 없애놓은 곳도 있었다. 휠체어 유무도 확인했다. 법이 개정되면서 공공기관에는 공용휠체어를 꼭 비치해 놓기로 되어 있었는데, 휠체어가 있는 기관은 많지 않았다. 어쩌다가 휠체어가 있는 기관이 있다고 해도 휠체어의 품질이 너무 안 좋아서 실제로 사용하기에는 무리가 있을 정도였다. 전수조사를 끝낸 나는 예전 그때처럼, 다시 관공서를 방문하기 시작했다.

"안녕하세요. 오랜만에 뵙습니다. 예. 또 접니다. 하하."
"어! 네. 안녕하세요. 몇 년 동안 안 보이시다가 다시 오셨네요? 그나저나 오늘은 무슨 일로…"
"뭐, 이제는 대충 알고 계시잖아요? 20년 전에 제가 해 놨던 장애인 주차장, 가보니까 많이 망가져 있던데. 보수 좀 해줘요. 휠체어도 비치된 데가 거의 없잖아요. 가만있어. 여기 동사무소에도 공용 휠체어 없죠?"
"자, 잠깐만요. 그 부분은 저희가 제대로 확인해서 하나씩…"

나는 다시 난동을 부리기 시작했다. 예전에 내 민원을 감당했던 담당자들 대부분은 승진해서 과장, 국장급이었기에 그들을 다이렉트로 찾아가 장애인 시설 설치를 부탁하기도 했고, 경찰서에서 서장을 만날 때까지 민원을 제기해 이천시 전체 경찰서와 파출소에 휠체어를 비치하기도 했다. 나 스스로가 장애인이었기에 일상에서 겪는 수많은 불편함을 최소화할 수 있는 장애인 시설을 제안하기도 했다. 가장 대표적인 것이 장애인 물품 보관함과 상가 경사로였다. 장애인 물품 보관함은 고속도로에서 운전을 하다가 발견한 시설이었다. 장기간 운전에 지쳐 고속도로 휴게소를 방문했는데, 입구 옆에 처음 보는 커다란 물품 보관함이 있었다. 그 위에 장애인 물품 보관함이라는 글자가 써 있었다. 휠체어나 목발 등 커다란 짐이 많은 장애인이 잠깐 동안 자신의 짐을 둘 수 있는 보관함이었다. 나는 당장 사진을 찍어 다음 날, 시청을 찾아갔다.

"아니, 고속도로 휴게소에도 장애인 물품 보관함이 있는데, 이천을 대표하는 관공서에 보관함이 없는 게 말이 됩니까? 다른 시나 군에서 장애인 시청을 방문했을 때, 얼마나 창피하겠어요. 이건 진짜 인칭 급한 겁니다. 일근 만들어집요."

장애인 물품 보관함은 관공서에서도 시급한 사안이라고 생각했는지, 시청을 우선적으로 빠르게 배치되었다. 그 다음은 변화가나 시장에 경사로를 설치하는 문제였다. 움직임이 자연스럽지 않은 장애인들은 경사로가 없는 건물이나 장소에서는 당연히 움직임에 제약이 있을 수밖에 없었다. 특히, 사람의 통행이 잦고 빠르게 움직여야 하는 상점가나 시장은 장애인들이 쉽게 방문할 수 없는 장소 중 하나였다. 가뜩이나 방문이 어려운데, 이곳에는 흔한 경사로 하나 없어 휠체어가 지나가기 힘들었다. 경사로는 교통장애인협회 회장을 할 때도 추진한 정책이었지만, 그때는 현실적인 제약으로 인해 추진할 수가 없었다. 하지만 이번에는 무슨 일이 있어노 쪽 경사로를 설지해 보겠다는 생각으로 일을 추진하기 시작했다. 주요 목표는 이천시의 번화가 상점과 시장이었다. 처음에 시에다 이 문제를 제기했을 때, 시에서는 상점이나 시장은 개인 사유재산이 있는 공간이라 마음대로 경사로를 설치할 수 없다는 답변을 받았다. 이에 시장에 있는 상인회나, 상가 건물 주인들과도 이야기를 해봤지만, 합의점을 찾기는 쉽지 않았다. 아예 대화를 거부하며 나를 쫓아낸 이들이 태반이었고, 어쩌다 대화하게 된 상인들도 취지는 이해하지만, 현실적인 여건 때문에 경사로를 설치하기가 쉽지는 않다고 말했다.

"이보세요. 그, 좋은 일 하시는 건 알겠는데. 시장이나 상점은 편의성이랑 회전율이 높아야 하는 장소입니다. 그런 데서 굳이 사람들 동선에 불편함을 주는 경사로를 설치할 사람이 어디 있겠어요. 법으로 정해진 것도 아닌데."
"그럼 나라에서, 정부에서 만들어 준다고 하면, 그건 받아들이실까요?"
"흠...그건 좋아하겠죠. 내 돈 안 들이고 좋은 일 한다는데, 싫어할 사람이 어딨습니까."

결국은 돈이 문제였다. 건물 주인들은 돈이 있지만, 의지가 없고, 상인회나 시장에서는 의지가 있었지만, 돈이 없었다. 경사로 설치는 20년 전에도 내가 문제를 인식하고 관공서에 제안한 일이었다. 그 덕인지 관공서에는 경사로를 비롯해서 장애인이 쉽게 이동할 수 있는 각종 구조물들이 설치되어 있었다. 하지만 철저히 개인의 영역인 시장이나 상점은 아니었다. 주인의 의지와 제반 여건이 마련되어 있어야만 경사로 설치가 가능했는데, 이걸 내가 해결할 수는 없는 일이었다. 다행히 상인회나 건물 주인들은 경사로 설치에 긍정적이었다. 장애인 인권에 대한 사람들의 관심이 부쩍 높아진 시기였기 때문이다. 의지는 있으니, 돈만 마련되면 끝이었다. 나는 다시 공무원들을 괴롭히기 시작했다.

"또 오셨어요? 오늘은 무슨 일로…저번에 장애인 물품 보관함 설치한 거 확인까지 하셨잖아요."
"오늘은 경사로 때문에 왔습니다. 이거 좀 해줘요. 20년 전에도 다음에는 해 준다고 약속하셨잖아요."
"아니, 그건 그냥 인사치레로 한 말이구요. 저번에 다 설명드렸잖아요. 거기는 사유재산이라고요. 사유재산에 우리가 개입할 수는 없다니까요?"
"내가 상점 주인들한테 다 물어봤어요. 만들고는 싶은데, 돈이 없다네요. 그러면 공사비만 좀 지원해 줘요. 남은 건 우리가 알아서 하려니까."
"그게, 그렇게 쉽게 해결되는 문제가 아니라니까요."
"뭐 이렇게 안 되는 게 많아요. 안 하려고 핑계 대는 거 아닙니까? 장애인은 시장도 이용하지 말라는 겁니까? 못 믿겠으면 휠체어 타고 중앙시장 한 번 가 보세요. 100미터라도 제대로 이동

할 수 있나."

담당자들은 예전처럼 한숨을 내쉬며 내게 사정을 설명했지만, 나는 뜻을 굽히지 않았다. 매일 시청으로 출근하며 관계자들을 끊임없이 괴롭힌 결과, 다음 해에 경사로 건립에 1,500만 원의 예산을 쓸 수 있었다. 내가 문제를 공론화시키고 여기저기 시끄럽게 한 덕에 경사로 문제의 심각성을 깨달은 이들도 많아졌다. 담당자는 끈질긴 나의 노력에 박수를 보내며 두손 두발을 다 들었다며 너털웃음을 지어 보였다.

"하. 진짜, 박광석 씨처럼 끈질긴 사람은 처음 봅니다. 일단 1년에 1,500만 원씩 예산이 측정되었습니다. 이 예산으로 매년 다섯 군데씩 경사로 공사가 진행될 겁니다. 다행히 이 문제에 공감하는 의원들이나 공무원들이 많아서 앞으로도 경사로 공사는 계속 추진될 겁니다. 모두 박광석 씨 덕분이에요."

이천시에 있는 장애인들을 위한 편의시설 상당 부분은 나와 다른 장애인들이 열심히 문제를 제기하고 개선을 주장해서 만들어진 것들이다. 장애인 주차장은 물론이고 장애인 물품 보관함, 경사로까지. 장애인들 삶의 질에 엄청난 영향을 주는 것들이지만, 대부분은 우리가 이야기하기 전까지 정부나 관공서에서 그 필요성을 전혀 알지 못했던 것들이다. 많은 장애인들이 자신의 불편함이나 힘듦을 표현하지 않기 때문이다. 장애인들은 어디를 가도 사회적 약자 취급을 받기 때문에 일반적으로 자신의 애로사항을 적극적으로 말하지 않는다. 안 그래도 주변에 많은 폐를 끼치고 있다는 생각에 남들에게 더 많은 요구를 하지 못하는 것이다. 하지만 우리 사회가 더욱 발전적이고 진보적인 사회가 되려면, 장애인과 비장애인 모두가 행복한 사회를 만들어 가려면 장애인들의 요구사항을 적나라하고 과감하게 표출하는 목소리가 반드시 필요히다. 나는 그런 사명감으로 장애인 협회 일에 매진했다. 특히, 기억에 남는 건, 장애인 골프 시설 건립이었다.

장애인들은 취미를 가지기가 쉽지 않다. 거동이 자유롭지 않은 장애인들은 외부 활동을 자제하는 경우가 많고, 어쩌다 활동적인 취미를 가지게 되어도 대부분의 운동시설이 일반인들을 기준으로 만들어져 있고, 실제 운영도 그들을 중심으로 하고 있어서 장애인들은 운동할 장소가 마땅치 않다.

나는 장애인들이 일상적인 삶을 영위할 수 있도록 돕는 것에서 나아가 장애인들이 행복한 내일을 거머쥘 수 있는 환경을 마련하고 싶었기 때문에 이 문제에도 집중했다. 그래서 지체장애인협회 회장직을 수행할 때, 장애인 파크 골프 협회장과 경기도장애인골프협회의 이천 지부장을 역임하기도 했다. 장애인들과 함께 운동을 하면서 웃기고 재밌는 추억도 많이 남겼다. 다들 파크골프가 익숙하지 않아 골프채를 시원하게 던져버리는 사람도 있었고, 공을 보지 않다가 잃어버려서 공을 찾느라 한참동안 골프장을 돌아다닌 적도 있었다. 처음에는 단순히 장애인들과 함께 운동하고 싶다는 소박한 바람에서 시작된 일이었지만, 회원들과 운동을 하다 보니 점점 일이 커지기 시작했다.

"회원님. 올해 말에 장애인 골프 대회 있던데, 우리 회원들이랑 같이 나가보는 게 어때요."
"예? 에이, 아니에요. 됐어요. 그냥 운동 삼아 치는 건데요. 뭘 대회까지."
"한번 해보세요. 회원들끼리 친목도 쌓고 좋은 추억도 만들고 좋잖아요."

대회 개최 소식을 들은 나는 회원들의 대회 참여를 독려하기 시작했다. 내 열정에 감동한 회원들 대부분이 대회에 참가하겠다는 긍정적인 메시지를 전해 주었다. 그렇게 본격적인 연습을 시작하려는데, 문제가 생겼다. 다수의 장애인이 함께 연습할 수 있는 제대로 된 연습장이 없다는 것이었다. 당시 모든 연습 일정은 내가 잡고 있었다. 애초에 장애인들의 건강과 취미를 위해 내가 제안한 것이라 당시까지 파크골프 연습장의 입장료나 공, 장비 비용까지 모두 내가 감당하고 있었다. 좋은 뜻에서 하는 행동이었고, 이 역시 봉사의 일환이라는 사명감까지 가지고 있었기에 돈은 전혀 아깝지 않았다. 다만, 장애인들이 운동할 수 있는 장소 자체가 없는 것이 문제였다.

이천 근처에도 파크골프 연습을 위한 연습장 자체는 있었지만, 장애인들 전용 연습장은 존재하지 않았었다. 장애인과 일반인이 즐기는 파크골프가 규칙이 다른 건 아니었지만, 장애인들은 일반인보다 훨씬 많은 시간이 필요하다. 여기에 이동 동선이나 연습장에 이동을 도와줄 수 있는 각종 구조물이나 편의시설이 마련되어 있어야 한다. 기입 입장에서 장애인 손님은 회전율이 좋지 않아 당연히 기피하는 손님 중 하나였고, 그래서 우리는 어쩔 수 없이 장애인 전용 파크골프 연습장을 찾아 다녀야 했다. 찾아보니 인근에 있는 가장 큰 장애인 전용 파크골프 연습장은 양평이었다. 나는 일주일에 두 번씩, 회원들을 모시고 양평까지 직접 이동해 연습을 하고, 점심까지 함께하는 강행군을 이어갔다. 연습장 대관 비용, 교통비, 점심값까지. 모두 내 사비로 부담했다. 관공서와 정부에 장애인 전용 파크골프 연습장을 만들어달라는 요청도 잊지 않았다.

"이천에 없는 게 왜 이리 많아요! 장애인 파크골프 연습장 좀 만들어줘요. 일반 연습장에서는 장애인들이라고 하면 아예 예약도 안 받는다니까요?"

"하, 또 박광석 씨. 그게 그렇게... 아니, 알겠습니다. 어차피 안된다고 하면 또 찾아오시겠죠. 저희도 방법을 강구해 보겠습니다."

끊임없는 민원과 담당자들을 괴롭힌 덕분에 이천에도 파크골프 연습장이 생겨났다. 물론 양평처럼 아예 일반인과 장애인이 구분되는 방식도 아니고 시설이 엄청나게 좋은 것도 아니었지만, 어쨌든 장애인들이 마음 놓고 방문할 수 있는 파크골프 연습장을 마련한 것이다. 이 일로 장애인들에게 많은 찬사를 받기도 했다. 장애인들을 돕기 위해 직접 자격증을 따기도 했다. 사회복지사, 미술심리상담가, 청각관리사, 행복지도사, 행복교육사, 행복상담, 행복 코디네이터 등, 내게는 수많은 자격증이 있다. 모두 봉사와 행복 나눔을 실천하기 위해 마련한 전문 자격증들이다. 실제로 나는 지금도 기회가 되면 무료로 청각 테스트를 해주는 이벤트를 진행하고, 힘든 상황에 처한 이들에게 미술심리 상담을 진행하며 장애인들의 건강한 몸과 마음을 지켜주기 위해 노력하고 있다.

사랑하는 나의 가족

　어렸을 때 내 꿈은 복싱 선수였지만, 머리가 커지고 사회의 쓴맛을 알고 난 뒤부터 나는 빨리 큰돈을 벌어서 남부럽지 않게 살고 싶다는 꿈을 꾸었다. 매일매일 돈 걱정 하지 않고 물건 하나 살 때도 가격 걱정하지 않는, 여유로운 삶을 꿈꾼 것이다. 아마 나뿐만 아니라 이 세상 모든 사람들의 꿈이기도 할 것이다. 대부분의 사람들이 이런 꿈을 꾸는 이유는 역시나 자신에게 가장 소중한 존재, 가족 때문이다. 나 역시 마찬가지였다. 내게는 3명의 아이가 있다. 첫째 아이는 분식집을 하던 시절, 단칸방에서 생활할 때 낳았다. 당시에는 결혼하고 28일 만에 집에서 쫓기듯 나온 터라 당장 돈이 급했다. 아내는 아이를 낳으러 가면서도 장사만 걱정했다.

　"어렵게 자리잡은 건데, 혹시라도 단골이 떨어지면 어쩌지? 괜찮을까? 나 없는 동안 당신이 어떻게 잘 좀 버티고 있어봐."

아내가 굳이 당부하지 않아도 나 역시 두려움이 컸다. 정말 어렵게 자리잡은 장사인데, 잠깐 쉬어버려서 단골을 모두 잃으면 어떻게 하나. 아무리 학교 앞 상권이라 학생들의 의견이 중요하다고 하지만, 분식은 가뜩이나 회전율이 높은 업종 중 하나였다. 당시의 나는 아이가 태어난다는 기쁨보다는 어떻게든 아내와 아이의 생계를 책임져야 한다는 책임감에 사로잡혀 있었다. 그래서 아내가 출산을 하는 역사적인 현장에 함께하지 못했다. 아내는 어쩔 수 없는 일이었고, 다시 돌아간다고 해도 똑같이 할 거라고 지금도 말하지만, 첫 출산의 두려운 순간을 아내 홀로 뒀다는 죄책감이 내게는 크다.

두 번째 아이를 출산할 때는 내가 함께 할 수가 없었다. 병원 중환자실에 누워 있었기 때문이다. 그때를 생각하면 아찔하다. 첫 아이의 출산 때 함께해 주지 못했기에, 둘째를 임신했을 때는 내가 꼭 함께하려 했다. 친구들에게, 그리고 주변에서 출산을 할 때 여자가 얼마나 힘든지를 너무나 많이 들어왔고, 스스로도 그때의 외로움을 잘 알고 있었기에 두 번째 출산 때는 꼭 곁을 지키려 했지만, 불의의 사고로 아내의 곁에 있어주지 못했다. 아내는 나와 같은 병원에서 둘째를 낳았다. 생각해 보면 임신한 상태에서 내 사고 소식을 전해들은 셈인데, 그 상황에서도 아이를 지켜낸 아내가 참 대단하다고 할 수밖에 없었다.

 마지막 아이는 퇴원을 하고 가졌다. 처음에는 사내 아이 둘만 있으니, 이 형제가 너무 지나치게 싸우고 다투는 일이 많아서 궁여지책으로 아이를 낳기로 했었다. 두 아들은 나를 닮아서 그런지 몰라도 한 자리에 가만히 앉아있는 법이 없었다. 걷고 뛸 수 있는 나이가 된 이후로는 잠시도 가만있지 않고 끊임없이 집안 구석구석을 돌아다니며 사고를 쳤다. 어떤 날은 방문을 세게 닫아 망가뜨리고, 어떤 날은 TV에 공을 던져서 TV를 아작내기도 했다. 의사가 일상생활이 가능하냐고 판단해 퇴원을 했지만, 그게 자유롭게 움직일 수 있다는 뜻은 아니었다. 게다가 천방지축으로 돌아다니는 아이들을 거실도 간신히 움직이는 내가 제어할 수는 없었다. 나는 어떻게든 딸을 낳고 싶기도 했고, 두 아들의 넘치는 활력을 조금이라도 제어할 수 없을까 싶어 아내에게 아이를 한 명 더 낳자는 제안을 했다.

 "우리, 딸 하나만 더 낳으면 어때? 딸 하나 있으면 딱일 것 같은데."
 "딸? 쟤네들도 컨트롤이 안되는네 하나를 더 낳자고? 아이고, 힘들어~!"
 "아니, 딸이 있으면 쟤네도 좀 누그러지겠지. 아기 때야 좀 힘들어도 좀 크면 지네들끼리 놀기도 할 테고."

"...뭐, 낳는다고 해도, 당신 그 몸으로 아기 낳을 수 있어요? 아니면 시험관 같은 걸 해봐야 하는데, 그렇게라도 해볼까?"
"뭐, 안 될 건 뭐야. 생식기가 망가진 것도 아닌데."

그렇게, 어렵게 얻은 아이가 마지막 셋째 딸이었다. 여담이지만, 친구들은 그 몸으로 대체 어떻게 아이를 낳을 생각을 했는지, 그리고 어떻게 임신을 시켰는지 궁금해 하며 내게 엄지를 치켜들었다. 게다가 아들 둘에 딸 하나. 아들의 든든함과 딸의 자상함을 모두 느낄 수 있지 않냐며 나를 무척 부러워했다.

내 고집에 마지막으로 딸을 낳게 되었지만, 아내 역시 무척 만족했다. 마지막 아이 출산 때 역시 내가 본격적으로 가게를 막 오픈할 때라서 아내의 곁을 지키지 못했다. 모두 어쩔 수 없는 사정이 있었다고는 하지만, 이유가 무엇이었든, 출산 때마다 곁에 없었던 못난 남편인 셈이다. 아이가 세 명이 되자, 경제적 부담이 늘어났고, 아이를 케어하는 데 들어가는 품도 커졌지만, 우리 부부는 행복한 하루하루를 보냈다. 내 예상대로 아이들은 커가면서 자기들끼리 서로 둘도 없는 친구가 되었고, 서로 의지하고 보듬으며 의좋은 남매로 성장했다.

아이들과의 행복한 기억도 많다. 막내가 태어난 뒤에는 정말 하루가 모자르다고 느낄 정도로 열심히 살았는데, 그 와중에도 아이들과의 행복한 추억을 남기고 싶어 시간을 쪼개 피서를 가고 가까운 곳으로 여행을 가고는 했다. 여름에는 인근에 있는 개울로 함께 나들이를 갔다. 나는 수영을 할 수가 없어 옆에서 아이들이 노는 걸 구경만 했는데, 그것만으로도 행복한 감정이 들불처럼 올라왔다. 아이들은 저마다 하하호호 웃으며 물장구를 치고, 장난감 물총을 쏘면서 즐겁게 웃었다. 가장 기억에 남는 장면은 아이들이 귀엽게 우는 모습이다. 우리 아이들은 어릴 때부터 말썽을 많이 피우고 다녀서 아내나 집안 어른들에게 꽤 많이 혼이 났었다. 그런데도 누구를 닮았는지, 고집이 있어서 울음을 잘 안 보였있다. 그런데 그날은 정말 세상을 잃은 것처럼 씨이씨이 울며 낡똥같은 눈물을 흘렸었다. 사정을 들어보니, 신고 온 슬리퍼가 벗겨지면서 물살에 휩쓸려 떠내려 갔는데, 아무리 따라가서 잡아보려고 해도 잡을 수 없을 정도로 슬리퍼가 빠른 속도로 떠내려가자, 그게 너무 약이 올라 울었던 것이다. 떠내려가는 신발을 가리키며 우는 아이들의 모습이 너무 귀엽고 사랑스러워서 한참을 웃었던 기억이 난다. 그 전까지는 아이들이 너무 빨리 크고 조금 애늙은이 같은 면이 있어서 아쉬운 기억이 있었는데, 그 모습을 보면서 '아이는 아이다'라는 생각을 하게 되었다.

고생했던 경험도 오래 기억에 남는다. 여름이면 아이들 모두 피서를 기대했었는데, 평소처럼 여름 피서를 계획하고 있을 때였다. 상사를 해야 해서 우리는 보통 밤늦게 가게 문을 닫고 출발했다가 다음날 오전에 물놀이를 즐기고 돌아와 가게를 열었다. 그 날도 어김없이 해가 지고 어둠이 드리워진 뒤에 가게 문을 닫고 출발했다. 아이들은 이미 차에서 곯아떨어졌고, 아내는 조수석에서 말동무를 하고 있었다. 계곡에 도착할 때까지도 날씨가 괜찮아서 아무 걱정없이 잠에 들었는데, 다음날 아침, 문제가 생겼다.

"아빠! 일어나봐요, 아빠!"
"아빠! 계곡이 갑자기 너무 깊어졌어요!"

아이들 소리에 일어나 나가보니 우리가 잠든 사이에 계곡 물이 서너 배 이상 불어나 있었다. 밤새 내린 소나기에 갑자기 물이 늘어난 것이었다. 결국 아이들은 잔뜩 기대했던 물놀이를 하지 못하고 구경만 한 채 집으로 돌아와야 했다. 돌아오는 길 내내 아이들이 훌쩍거리며 아쉬워했던 기억이 생생하다.

삼남매 모두 내게는 귀하고 애틋한 아이들이지만, 그중에서도 막내딸은 내 가슴에 커다란 돌덩이처럼 자리잡은 아픈 손가락이다. 하나뿐인 우리 딸은 어려서부터 무척 예뻐서 가족들의 사랑을 독차지했던 녀석이다. 하는 짓도 귀여웠고, 사랑받을 말을 골라서 잘 하는 재주도 있어서 가족들 모두가 막내딸을 좋아했다.

"아빠, 나 이 담에 커서 미스코리아 나갈 거야. 연습도 하고 있어. 이것 봐라."

"하하하. 우리 공주님이 나가면 무조건 진(眞)이지!"

막내딸은 사람들 앞에서 매일같이 포즈를 연습하고 수상소감을 미리 읊어보기도 했었다. 다른사람들 보기에는 어떨지 모르겠지만, 정말 내 눈에는 그 어떤 연예인보다 우리 막내딸이 훨씬 예쁘고 아름다웠다. 친구들과도 사이좋게 잘 지내고, 손재주가 좋아서 어지간한 옷은 자기가 직접 만들어 입는 기가 막힌 재주도 있었다. 대한항공 스튜어디스를 준비하다가 손재주를 살려 미용자격증을 딴 막내딸은 내가 차려준 카페를 운영했었다. 그러던 이느 날, 평소처럼 가게를 열고 있는데, 경찰에게서 전화가 왔다.

"네. 제가 박수미 아버지 되는 사람 맞긴 한데… 우리 딸이 왜요?"

자살이라고 했다. 최근에 카페 본사 직원과 사귀게 되었는데, 그 관계가 틀어지면서 우울증이 와서 벌어진 일이라고 했다. 세상이 무너지는 것 같았다. 내 딸은 정말 험한 꼴 보지 않고, 행복하게 살수 있도록 하겠다는 일념으로 돈을 벌어왔는데, 내 모든 인생이 부정당한 기분이었다. 나뿐만이 아니었다. 막내딸은 우리 집안의 엔돌핀 같은 존재였다. 평소 예민하고 여린 구석이 있어 가족들 모두가 각별히 신경쓰면서 보듬어줬었는데, 다들 먹고 살기 바빠 신경을 못 쓴 사이, 막내가 힘겨운 시간을 보내고 있었다. 나는 물론이고 아내와 아들들도 막내의 죽음에 스스로를 자책하며 힘든 시간을 보내야 했다. 향년 30세. 재활에 성공한 이후로 하나님의 뜻을 한 번도 의심해 본 적이 없었지만, 딸의 죽음 앞에서 태연하기는 쉽지 않았다. 너무 예뻐서, 하나님이 하루라도 더 빨리 보고 싶어서 데려간 거라고 이해해 보려 했지만, 그럴 때마다 딸과 해보지 못한 일들이 떠올랐다. 딸이 결혼할 때, 꼭 손을 잡아주고 싶었는데, 딸과 함께 해외 여행도 가보고 싶었고, 우리 딸을 똑 닮은 귀여운 손자도 보고 싶었다. 벌써 3년이 지난 일이지만, 아직도 딸의 얼굴이 꿈결처럼 종종 떠오른다. 특히, 달이 뜬 밤, 아련한 도심의 불빛들을 바라보고 있으면, 어디선가 딸이 잘 살아가고 있을 것만 같은 생각에 나도 모르게 눈물이 앞을 가리곤 한다.

아직 딸과의 이별로 인한 슬픔을 온전히 극복하지는 못했지만, 다정하고 착한 딸이 하루종일 슬픔에 잠겨있는 가족들의 모습을 보고싶어 하지는 않을 것이 분명하기에, 나와 우리 가족은 어떻게든 행복한 하루를 만들어 가려 노력하고 있다.

그리고 나와 평생을 함께하며 온갖 고생을 한 우리 사랑하는 아내. 21살에 만나서 군대도 기다리고 신혼생활도 없이 식당을 하며 단 하루도 쉬지 않고 일해 온 아내를 떠올릴 때면 나도 모르게 울컥해진다. 남들은 남편 잘 만나 팔자를 핀다고 하는데, 우리 아내는 오히려 나에게 시집와서 편히 쉬지도 못하고 고생만 시켰다. 제대로 표현한 적은 많지 않지만, 나는 그런 아내를 사랑하고 사모하며, 어떤 순간에는 존경스럽기까지 하다.

아내는 순수하고 맑은 여인이었다. 나와 처음 사귈 때만 해도, 그리고 결혼할 때까지만 해도 큰 걱정 없이 하루하루를 행복하게 보내던 여인이 나를 만나 괜히 힘겨운 일상을 살아가고 있는 것 같아 마음이 아플 때가 많다. 특히, 내가 다쳐서 누워있을 때, 재활하고 황금복권마트를 차리기 전까지, 우리 가족의 생계는 온전히 아내가 챙겨야 했다.

가족의 우산이 되어야 할 내가 돈을 벌지 못하는 동안 아내는 행여나 우리 가족이 굶을까 싶어 매일 매일 최선을 다해 돈을 벌었다. 그러면서도 내 치료와 재활 뒷바라지까지 다 했으니, 어떻게 존경하지 않을 수 있을까. 아내가 지고 있는 인생의 짐 중 대부분이 나 때문인 것 같아 미안한 마음이 크다.

이제는 경제적 여유도 있고, 시간도 많으니, 함께 행복하고 멋지게, 여행도 다니며 누구도 부럽지 않은 삶을 아내와 함께 만들어 가고 싶다.

【 마무리하며 】

지체장애인협회 회장을 관둔 지도 꽤 오랜 시간이 지났지만, 여전히 이천에 있는 많은 장애인들이 힘든 일, 어려운 일이 있으면 나를 찾아온다. 나는 한 번도 그 요청을 허투루 무시한 적이 없다. 내가 이토록 장애인들을 돕는 데 진심인 이유는 무엇일까? 이 자서전을 쓰면서 나 역시 곰곰이 생각해 봤다.

결론은 언제나 행복이었다. 어린 시절부터 지금 이 순간까지. 나는 행복을 위해 멈추지 않고 달려왔다. 돌이켜보면 정말 힘겹고 파란만장한 인생이었지만, 나는 어릴 때부터 남들을 돕고 싶다는 마음을 한 번도 잊어본 적이 없다. 사고가 나고, 삶의 희망을 잃었을 때, 나를 다시 일으켜 세워준 것 역시 다른 사람을 위한 봉사의 마음이었다. '언젠가 나보다 힘든 일, 어려운 처지에 있는 사람들에게 힘이 되어주고 싶다.' 그 마음 하나로 어두운 터널과 같은 긴 시간을 견뎌왔다. 그리고 실제로 현장에서 사람들을 만나고, 그들과 교류하면서 내가 절감한 것은 '사람은 결국 사람으로 치유된다.'는 변치 않는 명제였다. 나는 그들에게 희망이 되고 싶었지만, 정작 희망이 된 것은 그들이었다.

사람은 누구나 자신의 안에 삶을 살아갈 수 있게 만드는 원동력이 되는 존재를 하나씩은 만들어 둔다. 그것이 누군가에게는 사랑하는 가족, 애인이 될 수도 있고, 누군가에게는 절친한 지인들이 될 수도 있다. 내게는 그것 중 하나가 같은 처지의 장애인들이었다. 죽고 싶다는 생각에 사로잡혔을 때도, 나보다 더 힘든 상황에서 재기에 성공한 이들의 삶이 위로를 주었다. 내가 위로를 받은 것처럼, 나의 삶이 절망에 빠져 있는 이들에게 소소한 위로와 안식을 전해주길 바라는 마음으로 이 책을 저술했다.

자서전을 쓰면서 지난 인생을 돌아보자, 참 치열하고 서글프게 살아왔다는 생각이 든다. 일복이 터졌는지 어린 시절부터 나는 언제나 일을 하고 있었다. 다른 친구들이 당구를 치고, 여행을 하고, 연애를 한다고 전국을 돌아다닐 때도 나는 공사장과 저잣거리를 전전하며 열심히 살아왔다. 사고를 당한 이후부터는 더욱 심했다. 장애인들이 성공하기 위해서는 일반인보다 10배, 100배 열심히 해야 한다는 신념에 따라 나는 매일같이 새로운 일에 도전했다. 덕분에 고생한 건 아내와 가족들이었다. 40년 동안 장사를 하고 이런저런 일을 벌이는 나 때문에 가족들은 한 번도 마음 편히 여행을 가지 못했다. 하지만 이제는 조금 마음을 내려놓고 아내, 가족들과 여유로운 시간을 보내려 한다.

앞으로도 나는 여전히 남들이 하지 않는 새로운 일에 도전하겠지만, 가족들, 지인들과 추억을 나누고 행복한 시간을 기억하는 시간은 꼭 가질 예정이다. 그래서 행복 코디네이터 책임교수로서 더 의미있는 웰에이징을 하고자 국제웰빙전문가협회 인문대학의 휴먼디자인박사 자격 과정을 수료했다. 그리고 휴먼디자인박사가 되었다. 이제는 휴먼디자인박사로서 힘든 상황에 직면한 사람들의 행복인생경영 멘토로 활동하고자 한다. 마지막으로 지금까지 불도저처럼 달려온 나의 곁에서 힘겨운 시간을 함께 해 준 아내와 가족들에게 뜨거운 감사를 보낸다.